Laurence Smits

Mieux se connaître
grâce à
10 tests de personnalité

Texte, corrections, couverture, publication, traduction en anglais : © LAURENCE SMITS

Introduction

Si vous ne vous mettez pas en mots, ça se transforme en maux.

La vie est un grand défi.
Vivre votre vie l'est tout autant, sinon plus.
Evoluer peut être inconfortable. Mais, c'est nécessaire, surtout dans un monde en profonde et constante évolution et mutation, tel que nous le vivons actuellement.
Il est nécessaire d'avoir le courage de se connaitre mieux pour changer de vie, pour choisir votre cap.

La mission principale de chacune et de chacun est de réinventer sa vie, de l'enchanter, de la passer du mieux que nous pouvons. A des moments précis ou inattendus dans sa vie.
Comment fait-on pour que cela soit possible ?
Il faut avant tout se donner du courage pour donner vie à ses talents, que nous refoulons depuis si longtemps.
Qui n'a pas entendu que cela ne servait à rien d'écrire, de dessiner, de faire ci, de faire ça, que ce n'est pas avec ça que tu gagneras ta vie. Il faut un métier plus sérieux ! Fais tes études, ma fille, mon fils !
Il faut avoir le courage de développer son potentiel, de vivre de ses passions, d'écouter ses rêves et vivre de ses rêves. Il est évident que des voix discordantes s'élèveront autour de nous, des proches, des amis et des autres.

C'est possible à qui veut l'entendre ! Oublions celles et ceux qui veulent nous freiner à tout prix et en toute occasion.

Dans la vie, on doit faire des choix, les assumer et en tirer des leçons pour mieux avancer. Même si les autres ne nous suivent pas. On a bien le droit d'être différent et de clamer notre différence, non ?

Il est important aussi de faire la paix avec votre passé. C'est le meilleur moyen de ne pas gâcher le moment présent ou de redouter le futur.

Pour relever les défis qui s'annoncent devant vous, vous devez vous concentrer sur vos forces. Le monde change. Il change très vite.

Vous aussi, vous pouvez et vous devez changer.

Cela commence par mieux vous connaître.

Bienvenue sur le chemin de la connaissance de soi en 10 tests de personnalité.

A l'issue de ces 10 tests de personnalité et un test en bonus, vous verrez le merveilleux en vous.
Je vous souhaite la bienvenue sur le chemin de votre réenchantement.

« N'oubliez jamais que vous avez en vous tous les rêves du monde » *(Fernando Pessoa)*

Qui suis-je ?

Je suis professeure d'anglais en France depuis plusieurs décennies. Au fil de ces années dans le monde de l'éducation au contact d'adolescents, j'ai peaufiné mon leadership et ma connaissance de la psychologie.
Je me suis également formée dans ces différents domaines ces dernières années.

Depuis 2018, j'ai relevé un défi de taille pour moi : tenir un blog sur l'écriture : **LA PLUME DE LAURENCE,** www.laurence.smits.com.
Après avoir relevé ce défi, j'ai mis en place un atelier d'écriture en distanciel, entièrement gratuit, sur mon blog en 2019.
J'ai publié un ebook en accès gratuit sur mon blog en 2018, *« 111 JEUX D'ECRITURE ».*
En 2021, j'ai écrit un livre pour aider toutes celles et ceux qui souhaitent écrire mais qui n'osent pas pour différentes raisons : *299 CONSEILS POUR MIEUX ECRIRE.*
La même année, j'ai écrit un guide pratique, *« MIEUX SE CONNAITRE EN 10 ETAPES »,* en version française et anglaise, qui est le premier guide d'une série « Mieux se connaître » qui va suivre au fil des années. Ce livre est une suite logique du précédent.

Pourquoi cet e-book pour mieux se connaître ?

Nous sommes toutes et tous dans un mouvement où nous voulons changer, évoluer, surtout depuis les confinements de 2020. Cela peut prendre des formes différentes : dans notre vie personnelle, professionnelle, sur le plan physique ou mental. La crise sanitaire, apparue en 2020, nous a fait prendre conscience de beaucoup de choses qui ne fonctionnaient dans notre vie. Les confinements successifs nous ont offert une bouffée d'air. Mais, cela passe par des étapes.

Ma pratique du yoga et de la méditation depuis 25 ans m'ont amenée à réfléchir sur l'être humain dans sa globalité et à une conclusion évidente : pour évoluer, nous devons mieux nous connaître.

Vous pouvez y parvenir en lisant des tonnes de livres de psychologie.
Vous pouvez aussi mettre en pratique les 10 tests de personnalité que je vous propose dans ce livre, pour développer votre singularité et comprendre pourquoi vous en êtes là aujourd'hui dans votre vie.

Si l'envie de poursuivre l'expérience de mieux vous connaître vous conduit vers des réflexions plus profondes, je serai heureuse de vous aider à travers mes séances de coaching personnalisé.

1. Le questionnaire de Proust

On ne présente plus **Marcel Proust**, (1871-1922), auteur de la suite romanesque intitulée «*A la recherche du temps perdu*», publiée de 1913 à 1927.
A la fin du XIXe siècle, le célèbre écrivain français découvre un test de personnalité, alors qu'il n'est qu'adolescent. A l'origine, ce test est un jeu anglais datant des années 1860, nommé « *Confessions* ». Il l'a découvert dans un album en anglais d'une de ses amies, fille du futur président de la République française, **Félix Faure**.
A cette époque, le jeu en question connaît un vif succès : les personnes questionnées peuvent dévoiler leurs goûts et leurs aspirations. **Marcel Proust** s'y essaie plusieurs fois, toujours avec une verve spirituelle.
Il peut exister plusieurs variantes de ce questionnaire sur Internet. De plus, **Proust** n'a pas repris le questionnaire anglais original. Il l'a adapté en supprimant certaines questions et en ajoutant d'autres. Le manuscrit original des réponses de **Marcel Proust** a été trouvé en 1924. Il a été vendu aux enchères le 27 mai 2003 pour 102 000€.
Le **questionnaire de Proust** est l'une des interviews les plus connues utilisées dans les médias de nos jours. Il est réfléchi, amusant et concis.

Voici le questionnaire en question avec les réponses de **Proust** en italiques auxquelles il a répondu à l'aube de ses 20 ans :

1. **Ma vertu préférée** – *le besoin d'être aimé et, pour préciser, le besoin d'être caressé et gâté bien plus que le besoin d'être admiré.*
2. **La qualité que je préfère chez un homme** – *des charmes féminins.*
3. **La qualité que je préfère chez une femme** – *des vertus d'homme et la franchise de la camaraderie.*
4. **Le principal trait de mon caractère** - ...
5. **Ce que j'apprécie le plus chez les amis** – *d'être tendre avec moi, si leur personne est assez exquise pour donner un grand prix à leur tendresse.*
6. **Mon principal défaut** – *ne pas savoir, ne pas pouvoir « vouloir ».*
7. **Mon occupation préférée** - *aimer.*
8. **Mon rêve de bonheur** – *j'ai peur qu'il ne soit pas assez élevé, je n'ose pas le dire, j'ai peur de le détruire en le disant.*
9. **Quel serait mon plus grand malheur ?** – *ne pas avoir connu ma mère ni ma grand-mère.*
10. **Ce que je voudrais être** – *moi, comme les gens que j'admire me voudraient.*
11. **Le pays où je désirerais vivre** – *celui où certaines choses que je voudrais se réaliseraient comme par un enchantement et où les tendresses seraient toujours partagées.*
12. **La couleur que je préfère** – *la beauté n'est pas dans les couleurs, mais dans leur harmonie.*
13. **La fleur que j'aime** – *la sienne, et après, toutes.*

14. **L'oiseau que je préfère** – *l'hirondelle*
15. **Mes auteurs favoris en prose** – *aujourd'hui Anatole France et Pierre Loti.*
16. **Mes poètes préférés** – *Charles Baudelaire et Alfred de Vigny.*
17. **Mes héros dans la fiction** – *Hamlet (de William Shakespeare).*
18. **Mes héroïnes dans la fiction** – *Bérénice (de Racine).*
19. **Mes compositeurs préférés** – *Ludwig Van Beethoven, Richard Wagner, Robert Schumann.*
20. **Mes peintres favoris** – *Léonard de Vinci, Rembrandt.*
21. **Mes héros dans la vie réelle** – *M.Darlu, M.Boutroux.*
22. **Mes héroïnes dans l'histoire** – *Cléopâtre.*
23. **Mes noms favoris** – *je n'en ai qu'un à la fois.*
24. **Ce que je déteste par-dessus tout** – *ce qu'il a de mal en moi.*
25. **Les personnages historiques que je méprise le plus** – *je ne suis pas assez instruit.*
26. **Le fait militaire que j'admire le plus** – *mon volontariat !*
27. **La réforme que j'estime le plus** - ...
28. **Le don de la nature que je voudrais avoir** – *la volonté et des séductions.*
29. **Comment j'aimerais mourir** – *meilleur et aimé.*
30. **Mon état d'esprit actuel** – *l'ennui d'avoir pensé à moi pour répondre à toutes ces questions.*

31. **Les fautes qui m'inspirent le plus d'indulgence** – *celles que je comprends.*
32. **Ma devise favorite** – *j'aurais trop peur qu'elle ne me porte malheur.*

Le **questionnaire de Proust** révèle vos goûts, vos aspirations et vos expériences de vie. C'est l'un des tests révélateurs de personnalité les plus intéressants. C'est un moyen excellent d'apprendre à vous connaître.

Le **questionnaire de Proust** est un excellent moyen pour vous interroger sur vous-même, sur les autres (famille, enfants, amis), sur les personnages les plus importants de votre nouvelle ou de votre roman si vous écrivez.

Les questions sont fréquemment utilisées dans les entretiens notamment.

Les questions peuvent révéler quelque chose de vous que vous ne savez pas encore.

Je rajoute certaines questions plus récentes et qui sont aussi intéressantes pour apprendre à vous connaître :

33. Quelle est votre idée de bonheur parfait ?
34. Quelle est votre plus grande peur ?
35. Quel est le trait que vous déplorez le plus en vous-même ?
36. Quel est le trait que vous déplorez le plus chez les autres ?
37. Quelle personne vivante admirez-vous le plus ?

38. Quelle personne vivante méprisez-vous le plus ?
39. Quelle est votre plus grande extravagance ?
40. Selon vous, quelle est la vertu la plus surfaite ?
41. A quelle occasion mentez-vous ?
42. Qu'est-ce qui vous déplaît le plus dans votre apparence ?
43. Quels mots ou expressions abusez-vous le plus ?
44. Quel est ou qui est le plus grand amour de votre vie ?
45. Quand et où étiez-vous le plus heureux ?
46. Quel talent aimeriez-vous le plus avoir ?
47. Si vous pouviez changer une chose à votre sujet, qu'est-ce que ce serait ?
48. Quel est votre bien le plus précieux ?
49. Que considérez-vous comme la plus faible profondeur de la misère ?
50. Quelle est votre profession préférée ?
51. Quelle est votre caractéristique la plus marquée ?
52. Qu'appréciez-vous le plus chez vos amis ?
53. A quel personnage historique vous identifiez-vous le plus ?
54. Qu'est-ce que vous n'aimez pas le plus ?
55. Quelle est votre plus grande réussite ?
56. Quel est votre plus grand regret ?
57. Quel est votre pire échec dans la vie ?
58. Quel est votre lieu de vie préféré ?
59. Quelle est votre vision de la vie ?
60. Quelle est votre vision de l'avenir ?

Conclusion

Utiliser le questionnaire de Proust vous donnera une meilleure idée de la personne que vous êtes. Il vous dira qui vous êtes à travers les questions posées. Essayez : vous pourriez être surpris par les détails que vous pourriez découvrir sur vous !

2. Le portrait chinois

Le **portrait chinois** est un questionnaire pour faire mieux connaissance avec soi-même, et aussi avec les autres. C'est un jeu littéraire de type questionnaire de Proust, dans lequel il s'agit de déceler, à travers les questions, certains aspects de la personnalité d'une personne, en identifiant ses goûts ou ses préférences personnelles.

Dans son « *Dictionnaire des Jeux* », **Alain Alleau** définit le portrait chinois comme une variante du jeu littéraire ancien du portrait, appelé aussi « *jeu des énigmes* ». L'adjectif *'chinois'* n'indique pas du tout l'origine ethnique du jeu, mais se réfère plutôt à la complexité de ce jeu, comme les casse-têtes chinois.

A quoi sert le portrait chinois ?

Le **portrait chinois** est un grand classique des jeux d'animation. Il permet de se présenter de façon ludique et imaginative. Cette technique est aussi utilisée en marketing, notamment dans le domaine de la publicité pour étudier leurs images de marques. C'est un outil très efficace dans le monde professionnel.

En vous prêtant au jeu des questions du portrait chinois, vous vous propulsez dans un univers différent et surtout, vous prenez du temps pour vous. Même si ce portrait chinois est généralement considéré comme un jeu, il peut également être utilisé comme une technique d'analyse comportementale.

Ce portrait chinois peut s'utiliser dans différents domaines, comme vous pourrez le constater dans les questions jointes. La liste de 50 questions que je propose n'est pas limitative. Elle n'est qu'un exemple des nombreuses questions à vous poser ou à poser aux autres. Vous pouvez aborder un thème particulier, poser des questions farfelues et surtout, faire preuve de créativité.

Le portrait chinois en 50 questions

Pour bien cerner votre personnalité ou celle des autres, il est préférable de justifier vos réponses sans trop réfléchir, car elles vous révèlent aussi.

Portrait 'nature'

1. Si j'étais un animal, je serais...parce que ...
2. Si j'étais une plante (fleur, arbre...), je serais ... parce que...
3. Si j'étais un élément, je serais ... parce que ...
4. Si j'étais une pierre précieuse, je serais ... parce que ...
5. Si j'étais une saison, je serais .... parce que ...
6. Si j'étais un moment de la journée, je serais ... parce que...
7. Si j'étais un des cinq sens, je serais ... parce que ...

Portrait 'lieux'

8. Si j'étais un pays, je serais … parce que …
9. Si j'étais une ville, je serais … parce que …
10. Si j'étais une planète, je serais … parce que …
11. Si j'étais un paysage, je serais … parce que …
12. Si j'étais une pièce de la maison, je serais … parce que …

Portrait 'objet'

13. Si j'étais un objet du quotidien, je serais … parce que …
14. Si j'étais un véhicule, je serais … parce que …
15. Si j'étais un vêtement, je serais … parce que …

Portrait 'culture'

16. Si j'étais un livre, je serais … parce que …
17. Si j'étais un personnage de fiction, je serais … parce que …
18. Si j'étais un mot, je serais … parce que …
19. Si j'étais un film, je serais … parce que …
20. Si j'étais une célébrité, je serais … parce que …
21. Si j'étais un dessin animé, je serais … parce que …
22. Si j'étais un super pouvoir, je serais … parce que …
23. Si j'étais une créature légendaire / imaginaire, je serais … parce que …
24. Si j'étais un jeu de société ou vidéo, je serais … parce que …
25. Si j'étais une chanson, je serais … parce que …
26. Si j'étais un style de musique, je serais … parce que …
27. Si j'étais un instrument de musique, je serais … parce que …
28. Si j'étais une photo, je serais … parce que …

29. Si j'étais un art, je serais … parce que …
30. Si j'étais un événement historique, je serais … parce que …

Portrait 'gourmand'

31. Si j'étais un plat, je serais … parce que …
32. Si j'étais un dessert, je serais … parce que …
33. Si j'étais une friandise, je serais … parce que …
34. Si j'étais un fruit, je serais … parce que …
35. Si j'étais une boisson, je serais … parce que …
36. Si j'étais une odeur, je serais … parce que …

Portrait 'Loisir'

37. Si j'étais un loisir créatif, je serais … parce que …
38. Si j'étais un sport, je serais … parce que …
39. Si j'étais une fête, je serais … parce que …
40. Si j'étais la lettre idéale, je serais … parce que …
41. Si j'étais de la papeterie ou un accessoire de papeterie, je serais … parce que …

Portrait un peu plus personnel

42. Si j'étais un chiffre ou un nombre, je serais … parce que …
43. Si j'étais un bruit, je serais … parce que …
44. Si j'étais une devise, je serais … parce que …
45. Si j'étais un hashtag, je serais … parce que …
46. Si j'étais une mauvaise habitude, je serais … parce que …
47. Si j'étais une qualité, je serais … parce que …
48. Si j'étais un gros mot ou une vulgarité, je serais … parce que …

49. Si j'étais une émotion, je serais ... parce que ...
50. Si j'étais un plaisir, je serais ... parce que ...

Je vous rajoute certaines questions pour approfondir votre portrait chinois.

51. si j'étais une chanson mythique, je serais ... parce que ...
52. si j'étais un oiseau magnifique, je serais ... parce que ...
53. si j'étais un artiste du passé, je serais ... parce que ...
54. si j'étais un défaut ambigu, je serais ... parce que ...
55. si j'étais une couleur chaude, je serais ... parce que ...
56. Si j'étais une couleur froide, je serais ... parce que ...
57. Si j'étais une femme célèbre, je serais ... parce que ...
58. Si j'étais un homme célèbre, je serais ... parce que ...
59. Si j'étais une épice subtile, je serais ... parce que ...
60. Si j'étais un vêtement utile, je serais ... parce que ...
61. Si j'étais un sport anti-stress, je serais ... parce que ...
62. Si j'étais un livre sorti cette année, je serais ... parce que...
63. Si j'étais une fleur simple, je serais ... parce que ...
64. Si j'étais une année historique, je serais ... parce que ...
65. Si j'étais un animal féroce, je serais ... parce que ...
66. si j'étais une planète, je serais ... parce que ...

67. Si j'étais une écrivain/un écrivain extraordinaire, je serais ... parce que ...
68. Si j'avais un super pouvoir, je serais ... parce que ...
69. Si j'étais un personnage dans la saga Harry Potter, je serais ... parce que ...
70. Si j'étais l'une des 7 merveilles du monde pendant 24 heures, je serais ... parce que ...
71. Si j'étais un événement particulier, je serais ... parce que...
72. Si j'étais un film sorti cette année, je serais ... parce que...
73. Si j'étais un sentiment magique, je serais ... parce que ...
74. Si j'étais un des 5 éléments, je serais ... parce que ...
75. Si j'étais un des 7 péchés capitaux, je serais ... parce que...
76. Si j'étais une période de la journée, je serais ... parce que...
77. Si j'étais un tissu, je serais ... parce que ...
78. Si j'étais une voiture, je serais ... parce que ...
79. Si j'étais un verbe, je serais ... parce que ...
80. Si j'étais un symbole, je seras ... parce que ...
81. Si j'étais un adjectif, je serais ... parce que ...
82. Si j'étais une destination de vacances, je serais ... parce que ...
83. Si j'étais un bijou, je serais ... parce que ...
84. Si j'étais un des 5 sens, je serais ... parce que ...
85. Si j'étais un personnage mythologique, je serais ... parce que ...
86. Si j'étais une femme/ homme politique (vivant ou décédé), je serais ... parce que ...

87. Si j'étais un outil de jardinage, je serais … parce que …
88. Si j'étais une pratique spirituelle, je serais … parce que …
89. Si j'étais un accessoire exclusivement féminin, je serais … parce que …
90. Si j'étais un accessoire exclusivement féminin, je serais … parce que …
91. Si j'étais un métal, je serais … parce que …
92. Si j'étais une fleur des champs, je serais … parce que …
93. Si j'étais un style de musique, je serais … parce que …
94. Si j'étais un océan ou une mer, je serais … parce que …
95. Si j'étais un continent, je serais … parce que …
96. Si je changeais de travail, je serais … parce que …
97. Si je changeais de lieu de vie, je serais … parce que …
98. Si j'étais bénévole, je serais … parce que …
99. Si je voyageais, je serais … parce que …
100. Si j'étais une passion, je serais … parce que …
101. Si je parlais une langue étrangère, je serais … parce que…
102. Si j'étais un nouveau projet (professionnel ou de vie), je serais … parce que …
103. Si je ne voulais plus être salarié, je serais … parce que …
104. Si j'étais une créatrice/ un créateur, je serais … parce que …
105. Si je devenais patron d'une entreprise, je serais … parce que …

106. Si je ne voulais plus travailler, je serais ... parce que ...
107. Si j'étais un lieu d'habitation, je serais ... parce que ...
108. Si j'étais un monument, je serais ... parce que ...
109. Si j'étais un style architectural, je serais ... parce que ...
110. Si j'étais une décoration intérieure, je serais ... parce que...

Conclusion

Les questions du portrait chinois peuvent être utilisées à but récréatif, académique ou professionnel. En répondant à toutes ces questions, vous finirez par vous connaître mieux en posant des mots sur qui vous êtes réellement. Brosser son portrait chinois peut devenir une vraie aventure. C'est une exploration autobiographique, un autoportrait en somme qui peut devenir la base d'un travail sur vous-même.

3. Le test MBTI

Le **test MBTI** – « **Myers Briggs type indicator** » est l'un des tests de personnalités les plus connus et les plus plébiscités par les spécialistes. Il définit 16 profils qui peuvent aider à s'orienter personnellement et professionnellement, à communiquer et à se comprendre ou à comprendre les autres.

Chaque année, entre 2 et 4 millions de personnes tentent de décrypter les rouages de leur personnalité grâce au test MBTI, en répondant à une série de questions. Ce test permet d'établir un profil, qui aide à comprendre vos propres réactions, mais aussi vos rapports aux autres, à anticiper vos besoins et ceux des autres.

Ls origines du test MBTI

Ce test MBTI a été mis au point par l'Américaine **Isabelle Briggs-Myers** en 1962. Ce test se base sur les travaux du psychiatre suisse Carl Gustav Yung. En observant les réactions « spontanées » d'un individu et en analysant ses réponses à un questionnaire réalisé au préalable, l'expert MBTI va pouvoir déterminer un profil.

Bien sûr, il existe des tas de tests de personnalité gratuits sur Internet, certains se réclamant du MBTI. Sont-ils tous fiables ? Pas si sûr. Pour obtenir une étude précise et certifiée, vous devrez faire appel à un professionnel agréé.

En quoi consiste le test MBTI ?

Mon rôle, dans ce livre, consiste à vous donner les grandes lignes de ce test. Celui-ci se base sur 4 dynamiques de développement, qui prennent la forme d'axes de préférence et qui, selon leur orientation, définissent la personnalité d'une personne.

Le test se déroule normalement en 2 temps :

- Dans un premier temps, la personne est invitée à répondre à un questionnaire de **92 questions**, avant le rendez-vous avec le professionnel agréé (ce que je ne suis pas).

- Ensuite, lors d'un entretien de 2 heures en tête-à-tête, cette même personne va être soumise à différentes situations, images, stimuli. Ses réactions et ses réponses vont permettre d'affiner les résultats.

A quoi sert le test MBTI ?

Le test MBTI permet de vous connaître, de comprendre vos réactions et ce qui motive vos choix à tous les niveaux de la vie. Il est également très utilisé dans le monde du travail, afin de déceler les compétences émotionnelles des membres d'une équipe, ou d'approfondir son management.

Le test MBTI peut également permettre de faire un point sur vos aspirations dans la vie, sur vos ambitions professionnelles et ainsi, peut-être de trouver votre voie ou le métier qui vous correspond le mieux. Enfin, le test MBTI permet de mieux gérer vos relations avec les autres : vous comprendre, vous gérer, mais aussi appréhender le fonctionnement des autres profils.

Je vous livre une dernière information : connaître son profil MBTI n'est pas un simple jeu. Certes, c'est toujours intéressant d'apprendre à vous connaître mieux. L'enjeu de ce test peut être multiple. Il peut réveiller en vous des aspirations enfouies depuis longtemps.

Prenez le temps de vous poser pour réaliser ce test. Répondez en toute honnêteté, sinon je n'en vois pas l'intérêt. Essayez de ne pas laisser de réponses 'neutres', qui n'apportent rien pour générer votre profil. Ce test est à la fois très sérieux et très simple.
Il suffit de repérer ce qui est, pour vous, la réponse la plus spontanée et sincère possible au cours des 4 processus mentaux présentés ci-dessus. Aucune réponse n'est « meilleure » qu'une autre. Chaque caractère a ses richesses. Le but n'est absolument pas de vous classer ou de vous sélectionner.

Les 4 questions du test MBTI

1. **Où puisez-vous votre énergie ?**

   - Dans votre univers intérieur ? (Introversion, « I »)

     L'introverti (I) n'est pas une personne « coincée ». Elle réfléchit posément avant d'agir, et ne craint pas la solitude. Au contraire, elle défend son indépendance et observe beaucoup avant de s'engager. A la fin d'une mauvaise journée, ce genre de personne reste au calme avec elle-même pour recharger ses batteries.

- A partir de l'environnement extérieur ? (Extraversion, « E »)

L'extraverti (E) est une personne qui a besoin de décrocher son téléphone et de raconter ses malheurs pour se sentir mieux. Elle va plus vite que les autres. Elle aime créer des liens et appartenir à un groupe. Elle parle volontiers et s'exprime spontanément sur des sujets variés.

2. Comment recueillez-vous l'information ?

- Par vos 5 sens ? (La Sensation, « S »)

Le sensitif (S) est une personne qui croit ce qu'elle voit. Elle est attentive aux faits concrets, à la réalité qu'elle peut toucher, voir, goûter. Elle est adepte du carpe diem : elle profite de l'instant présent. Elle a le sens du détail et procède étape par étape : elle lit scrupuleusement le mode d'emploi du dernier gadget high tech qu'on vient de lui offrir. Elle apprécie plutôt ce qui est pratique et éprouvé.

- En vous confiant à votre '6e' sens (Intuition, « I »)

L'intuitif (I) est une personne, en revanche, qui a tendance à « deviner » les situations, à suivre son instinct et à faire des plans sur la comète. Elle ne prend pas le temps de lire le mode d'emploi, elle a trop de projets en tête. Elle s'intéresse davantage aux idées et aux grandes synthèses qu'aux détails et aux faits précis. Elle aime tout ce qui est nouveau et original.

3. **Qu'est-ce qui entraîne votre décision ?**

   - Le raisonnement logique ? (La pensée/ Think, « T »)
   - *Le penseur (T) est une personne qui joue souvent l'avocat du diable car elle adore argumenter et décortiquer les idées. Plutôt calme, elle cherche la logique en tout et s'exprime de façon directe : toute vérité, ou presque, est bonne à dire. Quelle que soit la situation, elle souhaite que justice soit faite de façon objective. Pour prendre une décision, elle pèse le pour et le contre et garde la tête froide.*

   - Vos valeurs ? (Sentiment / Feel, « F »)

Le sentimental (F) est une personne qui donne plutôt la priorité à l'humain, au cœur. Plus subjective dans ses décisions, elle est d'abord en quête d'harmonie. Diplomate et sensible, elle remarque els qualités des gens et leur fait des compliments sans hésiter. Mais, elle se vexe aussi facilement!

4. **De quelle manière vous lancez-vous dans l'action ?**

   - En échafaudant des plans ? (Jugement, « J »)

Le juge (J) est une personne qui adore suivre son plan d'action. Le repos vient après le travail et en est la récompense. Ponctuelle, elle aime vivre dans un cadre défini. Elle aime préparer ses vacances à l'avance. Elle n'apprécie guère les tergiversations : il faut prendre des décisions !

- En vous adaptant aux circonstances, (perception, « P »)

Le perceptif (P) est une personne qui s'adapte aux situations avec souplesse. Elle a tendance à remettre son travail à plus tard, et s'engage difficilement. Les vacances arrivent ? Elle improvisera, vive la liberté, pense-t-elle !

Vos réponses se résument en 4 lettres qui, mises bout à bout, constituent votre profil :
- INFP
- ESTJ
- INTJ
- Etc.

Il existe 16 résultats possibles. Chacun correspond à un type de personnalité. Voici la correspondance des profils :

INTP : le chercheur
INTJ : l'organisateur
ENTJ : l'entrepreneur
ENTP : l'inventeur
INFP : l'idéaliste
ENFP : le psychologue

INFJ : le conseiller
ENFJ : l'animateur
ISTP : l'artisan
ISTJ : l'administrateur
ESTP : le promoteur
ESTJ : le manager
ISFP : l'artiste
ISFJ : le protecteur
ESFP : l'acteur
ESFJ : le bon vivant

Voici les conclusions correspondantes aux 16 types MBTI :

Le type ISTJ

Les types de personnalité ISTJ sont sensés, fiables et attentifs aux détails.

<u>Points forts du type ISTJ</u> : dignes de confiance et systématiques, les types ISTJ aiment travailler à l'aide

de méthodes et de procédures clairement définies. Ils ont tendance à être gardiens de tradition, centrés sur la tâche et aptes à la décision.

Points de développement potentiels pour les ISTJ : les personnes à dominante ISTJ ont tendance à camper sur leurs positions et sont parfois perçues comme rigides et froides.

Caractéristiques typiques d'un ISTJ : les ISTJ sont généralement minutieux, consciencieux, réalistes mais aussi systématiques et réservés.

Carrières et orientation professionnelle des ISTJ : les ISTJ aiment avoir des objectifs clairs et des délais réalistes, travailler avec des données factuelles pour résoudre les problèmes et suivre les progrès. Ils préfèrent travailler dans des environnements professionnels traditionnels, avec des personnes qui prennent leurs responsabilités au sérieux. Les ISTJ ont tendance à s'orienter vers des postes de gestion ou d'administration. L'application de la loi et la comptabilité comptent également parmi leurs domaines d'intérêt.

Les ISTJ sous stress : les déclencheurs de stress des ISTJ peuvent être tout ce qui remet en question leur préférence naturelle pour la structure et la logique. Dans les situations particulièrement stressantes, ils peuvent devenir accusateurs et pessimistes, et avoir tendance à se retirer et se fermer.

Les ISTJ et les relations : les ISTJ sont généralement perçus par les autres comme des individus cohérents et méthodiques, attachant de l'importance aux traditions. Les ISTJ savent tisser de bons rapports avec les autres, et travaillent dur pour respecter leurs engagements.

Le type ISFJ

Les types de personnalité ISFJ apparaissent prévenants et aimables, démontrant un fort dévouement aux autres.

Points forts du type ISFJ : les ISFJ sont des individus patients qui font preuve de bon sens et tirent parti de leur expérience pour résoudre les problèmes des autres. Ils sont responsables, loyaux et traditionnels. Ils aiment être au service des autres en leur apportant une aide pratique.

Points de développement potentiels pour les ISFJ : les ISFJ peuvent se révéler trop prudents, et omettre d'envisager les conséquences logiques de leurs décisions. Ils peuvent manquer d'assurance et risquer de fonder leurs décisions sur ce qu'ils pensent être le souhait d'autrui.

Caractéristiques typiques d'un ISFJ : les ISFJ sont organisés et pragmatiques, mais aussi dignes de confiance et loyaux. De plus, les ISFJ sont patients et compréhensifs.

Carrières et orientation professionnelle des ISFJ : les ISFJ aiment éprouver un sentiment d'appartenance sur leur lieu de travail, et travailler avec des personnes qui se soucient des autres et se soutiennent. Les ISFJ sont attirés par des métiers qui récompensent la loyauté et le sens du devoir, notamment dans le domaine de la santé, du secrétariat et du social.

Les ISFJ sous stress : les ISFJ seront typiquement stressés dans les situations présentées par cette tête de type MBTI. Dans les situations particulièrement stressantes, ils ont tendance à devenir accusateurs et pessimistes ; à penser le pire et se fermer.

Les ISFJ et les relations : les ISFJ sont généralement dignes de confiance et au service des personnes et des groupes auxquels ils sont associés. Ils honorent leurs engagements et aiment préserver les traditions; ils ont aussi tendance à être de bons « gardiens ».

Le type INFJ

Les types de personnalité INFJ inspirent par leur calme, apportent leur compassion et aiment aider les autres à se développer.

Points forts du type INFJ : les INFJ aiment trouver un objectif commun pour tous, inspirer les autres et concevoir de nouvelles façons de réaliser cet objectif.

Points de développement potentiels pour les INFJ : les INFJ sont parfois perçus comme des êtres individualistes, secrets, voire mystérieux, incapables de verbaliser leurs visions intérieures d'une manière compréhensible pour les autres.

Caractéristiques typiques d'un INFJ : les INFJ sont généralement compatissants, idéalistes ainsi qu'imaginatifs et visionnaires. Ils sont également sensibles et réservés.

Carrières et orientation professionnelle des INFJ : les INFJ aiment généralement travailler pour des organisations à vocation humanitaire et qui possèdent une réputation d'intégrité. Ils aiment concevoir des programmes ou des services innovants et soutenir les besoins spirituels d'autrui. Les INFJ sont attirés par les métiers artistiques, dans l'enseignement ou le social.

Les INFJ sous stress : les INFJ seront typiquement stressés dans les situations présentées par cette tête de type MBTI. Dans les situations particulièrement stressantes, ils ont tendance à se sentir physiquement stressés et très en colère, en devenant obsédés par des détails sans importance, et avoir tendance à l'excès.

Les INFJ et les relations : les INFJ ont un don pour comprendre intuitivement les relations humaines et les significations complexes, et comprennent souvent de manière empathique les sentiments des autres. Ils sont également perçus comme mystérieux, car ils ont tendance à ne partager leurs intuitions qu'avec les personnes auxquelles il font confiance.

Le type INTJ

Les types de personnalité INTJ apportent leur pensée stratégique et la vision globale des choses.

Points forts du type INTJ : les personnalités INTJ sont souvent capables de définir une vision captivante à long terme et de concevoir des solutions innovantes pour répondre à des problèmes complexes.

Points de développement potentiels pour les INTJ : les INTJ peuvent être perçus comme des individus froids et distants lorsqu'ils sont concentrés sur leurs tâches. Ils peuvent négliger de reconnaître et d'apprécier les contributions d'autrui.

Caractéristiques typiques d'un INTJ : les INTJ sont généralement stratégiques et conceptuels, ainsi qu'innovants, indépendants et logiques. Ils peuvent aussi être exigeants et réfléchis.

Carrières et orientation professionnelle des INTJ : les INTJ aiment être stimulés sur le plan intellectuel et travailler dans un environnement complexe et centré sur la performance. Ils savourent les opportunités de collaborer avec des personnes qui sont des experts dans leur domaine. Les INTJ sont attirés par des carrières dans les industries scientifique ou technique telles que l'ingénierie, l'informatique ou le droit.

Les INTJ sous stress : les INTJ seront typiquement stressés dans les situations présentées par cette tête de type MBTI. Dans les situations particulièrement stressantes, ils ont tendance à se sentir physiquement stressés et très en colère, en devenant obsédés par des détails sans importance, et avoir tendance à l'excès.

Les INTJ et les relations : les INTJ peuvent avoir du mal à s'engager dans des conversations sociales et ont tendance à être perçus comme secrets et réservés. Ils peuvent également ne pas complimenter les autres autant qu'ils le voudraient et ne leur offrent pas le soutien personnel qu'ils souhaiteraient.

Le type ISTP

Points forts du type ISTP : les ISTP aiment apprendre et se perfectionner grâce à la patience qu'il ont pour mettre en pratique leurs compétences. Ils sont capables de conserver leur calme en situation de crise et de décider rapidement ce qui doit être fait pour résoudre le problème.

Points de développement potentiels pour les ISTP : les ISTP risquent de se concentrer tellement sur les résultats immédiats qu'ils perdent de vue la vision d'ensemble. Ils ne terminent pas toujours les projets qui les contraignent à travailler en étroite collaboration avec les autres.

Caractéristiques typiques d'un ISTP : les ISTP sont généralement analytiques, pratiques, réalistes mais aussi logiques et adaptables.

Choix de carrières et orientation professionnelle des ISTP : les ISTP aiment analyser les problèmes et répondre aux situations de crise. Ils aiment travailler de façon autonome et ont tendance à préférer les travaux pratiques ou analytiques. Les métiers susceptibles de plaire aux ISTP incluent la chirurgie, l'agriculture ou l'ingénierie.

Les ISTP sous stress : les ISTP seront typiquement stressés dans les situations présentées dans cette illustration de la tête de stress MBTI. Dans les situations particulièrement stressantes, ils auront tendance à se sentir exclus et contrariés, et seront sujets à la plainte et l'hypersensibilité.

Les ISTP et les relations : les ISTP sont égalitaires et tolèrent généralement un grand nombre de comportements, mais ils peuvent surprendre ceux qui les entourent en exprimant des jugements fermes et clairs lorsque leurs principes logiques sont attaqués. Les ISTP sont parfois difficiles 'à lire' car ils sont tendance à être calmes et réservés.

Le type ISP

Points forts du type ISFP : les ISFP aiment apporter une aide pratique ou un service aux autres ; réunir les gens, et faciliter et encourager leur coopération.

Points de développement potentiels pour les ISFP : en raison de leur tendance à être moins affirmés que certains autres types, il est possible que les ISFP aient moins d'influence sur leur lieu de travail, et le souci des autres peut les empêcher de prendre des décisions difficiles. Ils vont parfois reporter leurs décisions, en espérant qu'une meilleure occasion se présentera plus tard.

Caractéristiques typiques d'un ISFP : les ISFP sont généralement coopératifs, modestes et adaptables, et aussi doux et loyaux.

Carrières et orientation professionnelle des ISFP : les ISFP aiment travailler dans un domaine qui leur apporte du sens sur le plan personnel. Ils aiment travailler dans un environnement où leurs collègues font preuve de soutien et d'attention les uns envers les autres ; ils peuvent éprouver de la crainte vis-à-vis de la concurrence pure et dure. Les ISFP sont susceptibles d'être attirés par les métiers de la santé, du secteur des services et du domaine administratif.

Les ISFP sous stress : les ISFP seront typiquement stressés dans les situations présentées par cette tête de type MBTI. Dans les situations particulièrement stressantes, ils ont tendance à devenir cyniques, déprimés, agressifs et à se remettre vivement en question.

Les ISFP et les relations : les ISFP accordent beaucoup d'importance à la liberté de suivre la voie qui leur est propre, d'avoir leur espace personnel et de se fixer leur propre emploi du temps. Ils feront preuve de la même tolérance envers leur entourage. Les ISFP peuvent être difficiles à bien connaître, mais ils sont profondément soucieux d'autrui, et le montrent plus par leurs actions que par leurs paroles.

Le type INFP

Les types de personnalité INFP cherchent à vivre en harmonie avec leurs valeurs fondamentales et à comprendre ce qui est vraiment important pour les autres.

Points forts du type INFP : les personnalités INFP aiment concevoir des solutions créatives pour résoudre les problèmes et s'engager moralement pour ce qu'ils estiment être juste. Ils aiment aider les autres à progresser et à développer leurs capacités pour atteindre leur potentiel maximal.

Points de développement potentiels pour les INFP : les INFP ont parfois du mal à prendre la parole au cours des réunions, ce qui peut laisser penser qu'ils ne se sentent pas concernés ou désireux d'apporter leur contribution. Ils risquent de ne pas convaincre les autres du mérite de leurs idées.

Caractéristiques typiques d'un INFP : les INFP sont généralement flexibles, spontanés, ainsi que réfléchis et attentifs. Ils sont aussi imaginatifs et originaux.

Carrières et orientation professionnelle des INFP : les INFP aiment contribuer au développement et à l'apprentissage des autres, et ils expriment leur créativité au travers de l'expression écrite ou des arts plastiques. Les INFP aiment accomplir un travail qui a du sens et collaborer avec des gens qui partagent leurs valeurs. Les INFP sont susceptibles d'être attirés par des métiers dans le conseil et le développement personnel, ainsi que l'art et l'écriture.

Les INFP sous stress : les INFP seront typiquement stressés dans les situations présentées par cette tête de type MBTI. Dans les situations particulièrement stressantes, ils ont tendance à être cyniques, déprimés, agressifs et à se remettre vivement en question.

Les INFP et les relations : les INFP ont tendance à être réservés et à choisir avec soin les personnes auxquelles ils dévoilent leurs valeurs et sentiments les plus intimes. Ils peuvent parfois être difficiles à comprendre, et sont perçus par leur entourage comme sensibles et introspectifs.

Le type INTP

Les types de personnalité INTP se montrent logiques, analytiques et adaptables, saisissant aisément les opportunités à mesure qu'elles se présentent.

Points forts du type INTP : les INTP réfléchissent de façon stratégique et sont capables d'élaborer des modèles conceptuels pour comprendre les problèmes complexes. Ils ont tendance à adopter une manière détachée et concise d'analyser le monde, et découvrent souvent des approches nouvelles ou innovantes.

Points de développement potentiels pour les INTP : les INTP peuvent éprouver de la difficulté à travailler en équipe, notamment avec des personnes qu'ils perçoivent comme illogiques ou insuffisamment centrées sur la tâche. Il arrive qu'ils manquent d'idées claires sur la direction à suivre et qu'ils ignorent des faits ou des détails pratiques importants.

Caractéristiques typiques d'un INTP : les INTP sont généralement indépendants et détachés, et ont également tendance à être difficiles et logiques, ainsi que sceptiques et innovants.

Carrières et orientation professionnelle des INTP : les INTP ont tendance à être attirés par des métiers dans les domaines technique et scientifique, et ils aiment acquérir des connaissances spécialisées. Ils donnent le meilleur d'eux-mêmes dans un environnement qui leur offre le temps et l'espace pour se concentrer sans être interrompus, et qui n'oblige personne à travailler en équipe ou à assister à de nombreuses réunions. Les métiers susceptibles de plaire aux INTP sont ceux d'architecte, de chercheur ou de spécialiste en sciences sociales.

Les INTP sous stress : les INTP seront typiquement stressés dans les situations présentées par cette tête de type MBTI. Dans les situations particulièrement stressantes, ils auront tendance à se sentir exclus et contrariés, et seront sujets à la plainte et l'hypersensibilité.

Les INTP et les relations : les INTP peuvent tolérer un bon nombre de comportements de ceux qui les entourent, mais ils peuvent ne pas réaliser l'impact de leurs idées et de leur style d'expression sur les autres. Les autres perçoivent les INTP comme des individus indépendants, attachés à leur autonomie.

Le type ESTP

Les types de personnalité ESTP apparaissent comme énergiques, enthousiastes, facilement adaptables et cherchant à rendre le travail agréable et ludique.

Points forts du type ESTP : les ESTP savent motiver les autres personnes en apportant de l'énergie aux situations. Ils font preuve de bon sens et d'expérience pour affronter les problèmes, analysent rapidement ce qui ne fonctionne pas et sont souvent à l'origine d'une solution inventive ou ingénieuse.

Points de développement potentiels pour les ESTP : les ESTP peuvent éprouver des difficultés à gérer leur temps et perdre leur intérêt pour les projets longs et complexes. Leur tendance à se concentrer sur les problèmes immédiats peut les conduire à ignorer les problèmes systématiques à long terme, et ils peuvent se sentir mal à l'aise de porter leur attention sur les relations.

Caractéristiques typiques d'un ESTP : les ESTP sont généralement analytiques, sociables et enthousiastes ainsi que logiques, et ils ont tendance à être observateurs et pleins de ressources.

Choix de carrières & orientation professionnelle des ESTP : les ESTP aiment prendre des risques, gérer les crises et dépanner les autres. Ils donnent le meilleur d'eux-mêmes lorsqu'ils sont entourés par des personnes actives et centrées sur la tâche dans un environnement immédiatement en lien avec le projet. Les ESTP sont susceptibles d'être attirés par les métiers des services de protection, de l'agriculture, de l'industrie et du marketing.

Les ESTP sous stress : les ESTP seront typiquement stressés dans les situations présentées par cette tête de type MBTI. Dans les situations particulièrement stressantes, ils sont tendance à se renfermer, devenir distraits et paranoïaques, avec des sentiments d'angoisse chronique.

Les ESTP et les relations : les ESTP aiment la vie passionnément et s'y plongent totalement. Leur entourage les perçoit comme des preneurs de risques, des aventuriers, ainsi que des dépanneurs pragmatiques, mais ils peuvent être impatients dans l'approfondissement des relations.

Le type ESFP

Les ESFP sont amusants, faciles à vivre, sociables et appréciés pour leur capacité à mettre tout le monde à l'aise.

Points forts du type ESFP : les ESFP sont d'un naturel adaptable, convivial et bavard. Ils profitent de la vie et aiment être entourés. Ce type de personnalité aime travailler avec les autres et expérimenter des situations nouvelles.

Points de développement potentiels pour les ESFP : les personnalités ESFP ont parfois des difficultés à respecter les délais et n'achèvent pas toujours ce qu'ils entreprennent. Ils peuvent se laisser distraire très facilement.

Caractéristiques typiques d'un ESFP : les ESFP sont généralement tolérants et spontanés, ainsi qu'enjoués et pleins de ressources. Ils ont également tendance à être sympathiques et enthousiastes.

Carrières et orientation professionnelle : les ESFP aiment rendre leur travail amusant et créer un esprit de coopération. Dans leur travail, les ESFP apprennent mieux en s'essayant à de nouvelles compétences aux côtés d'autres personnes. Les ESFP sont souvent attirés par des carrières où ils peuvent donner libre cours à leur nature exubérante et attentive aux autres, notamment dans des secteurs tels que la santé ou l'enseignement.

Les ESFP sous stress : les ESFP seront typiquement stressés dans les situations présentées par cette tête de type MBTI. Dans les situations particulièrement stressantes, ils sont tendance à se renfermer, devenir distraits et paranoïaques, avec des sentiments d'angoisse chronique.

Les ESFP et les relations : es ESFP sont de grands amoureux de la vie qui aiment la nourriture, les vêtements, les animaux et aussi la compagnie des autres. Dans les relations, ils sont perçus comme un grand soutien, aimant s'amuser et spontanés.

Le type ENFP

Les types de personnalité ENFP apparaissent énergiques et motivants.

Points forts du type ENFP : passant rapidement d'un projet à un autre, les ENFP sont disposés à envisager presque n'importe quelle possibilité et trouvent souvent plusieurs solutions à un problème. Leur énergie est stimulée par les nouvelles personnes et expériences.

Points de développement potentiels pour les ENFP : les ENFP peuvent ne pas mettre en œuvre leurs décisions ou mener leurs projets à terme, et ils risquent de s'épuiser à vouloir trop s'engager ou poursuivre toutes les possibilités. Ils peuvent également éprouver de la difficulté à déterminer les priorités.

Caractéristiques typiques d'un ENFP : les ENFP sont généralement sympathiques et expressifs ainsi qu'innovants et énergétiques.

Carrières et orientation professionnelle des ENFP : l'environnement de travail idéal pour les ENFP est celui qui encourage et récompense la créativité, favorise le travail d'équipe et offre des occasions de travailler avec une grande diversité de personnes, notamment lorsqu'il s'agit de les soutenir et de les éclairer. Les ENFP ont tendance à être attirés par les métiers du coaching et du développement, de l'enseignement ou par la vocation religieuse et la création artistique.

Les ENFP sous stress : les ENFP seront typiquement stressés dans les situations présentées par cette tête de type MBTI. Dans les situations particulièrement stressantes, ils ont tendance à se sentir submergés, se renfermer, perdre leur capacité à prendre du recul, et être sujets à des émotions extrêmes.

Les ENFP et les relations : les ENFP sont extrêmement perspicaces envers les autres, et ils éprouvent aussi toutes sortes de sentiments et d'émotions intenses. Leur entourage les perçoit comme ayant des talents multiples et enthousiastes.

Le type ENTP

Les types de personnalité ENTP apparaissent visionnaires, souples, énergiques et enthousiastes.

<u>Points forts du type ENTP</u> : les ENTP résolvent les problèmes de façon créative et sont souvent novateurs dans leur manière de penser. Ils sont capables de voir les liens et les modèles qui composent un système. Ils aiment mettre au point des stratégies et sont souvent capables de repérer et d'exploiter les nouvelles possibilités qui s'offrent à eux.

<u>Points de développement potentiels pour les ENTP</u> : les ENTP évitent parfois de prendre des décisions, et peuvent montrer de l'enthousiasme pour des idées irréalisables du fait de contraintes de temps ou de ressources. Ils mettent parfois en cause les autres et leurs idées de façon excessive.

<u>Caractéristiques typiques d'un ENTP</u> : les ENTP sont généralement pleins d'avenir, théoriques et flexibles ainsi qu'imaginatifs et doués pour la remise en question.

<u>Carrières et orientation professionnelle des ENTP</u> : les ENTP préfèrent travailler dans une atmosphère caractérisée par une croissance rapide, une forte énergie, de l'autonomie et la liberté de penser différemment. Ils aiment mettre au point des solutions techniques aux problèmes et faire adhérer les autres à de nouvelles idées et opportunités. Les ENTP peuvent être attirés par une grande variété de carrières, notamment celles dans la création, la gestion d'entreprise, la finance et l'ingénierie.

Les ENTP sous stress : les ENTP seront typiquement stressés dans les situations présentées par cette tête de type MBTI. Dans les situations particulièrement stressantes, ils ont tendance à se sentir submergés, se renfermer, perdre leur capacité à prendre du recul, et être sujets à des émotions extrêmes.

Les ENTP et les relations : les ENTP adorent les débats d'idées, leur style de conversation est généralement provocateur et stimulant. Les autres les perçoivent comme énergiques et dynamiques, mais aussi indépendants.

Le type ESTJ

Les types de personnalité ESTJ se montrent analytiques, centrés sur l'objectif, décidés et organisés.

Points forts du type ESTJ : les ESTJ savent se motiver pour atteindre leurs objectifs, et mobiliser les personnes et les ressources nécessaires pour y parvenir. Ils disposent d'un vaste réseau de contacts et sont prêts à prendre des décisions difficiles lorsque cela est nécessaire. Ils ont tendance à accorder une grande valeur aux compétences.

Points de développement potentiels pour les ESTJ : les ESTJ ont tendance à être concentrés sur la recherche objective de leur but au point d'ignorer les idées ou les sentiments des autres. Les situations répondant au besoin d'intimité sont susceptibles de les mettre moins à l'aise. Il se peut qu'ils passent à l'action avant même d'avoir recueilli suffisamment d'informations, et passent à côté de nouvelles opportunités car celles-ci ne faisaient pas déjà partie de leurs projets.

Caractéristiques typiques d'un ESTJ : les ESTJ sont généralement responsables et efficaces, mais ils peuvent aussi être affirmés, ainsi que logiques et réalistes.

Carrières et orientation professionnelle des ESTJ : les ESTJ aiment fixer des objectifs clairs et des échéances précises, et analysent les problèmes de manière logique. Ils donnent le meilleur d'eux-mêmes dans un environnement où les rôles et les responsabilités sont clairement définis. Les ESTJ sont susceptibles d'être attirés par les carrières relatives à l'application de la loi, l'industrie et les technologies appliquées.

Les ESTJ sous stress : les ESTJ seront typiquement stressés dans les situations présentées par cette tête de type MBTI. Dans les situations particulièrement stressantes, ils ont tendance à devenir hypersensibles, sensibles, autoritaires et rigides.

Les ESTJ et les relations : les ESTJ aiment généralement interagir avec les autres. Dans les relations intimes, ils prennent leur rôle au sérieux et le remplissent d'une manière responsable. Leur entourage les perçoit comme consciencieux et dignes de confiance.

Le type ESFJ

Les types de personnalité ESFJ affichent un fort esprit d'équipe, recherchent la proximité dans les relations et le sentiment d'appartenance ; se montrent consciencieux et font appel à leur bon sens pour aborder les problèmes.

Points forts du type ESFJ : les ESFJ ont tendance à être sociables et ouverts, à comprendre ce dont les autres ont besoin et à exprimer leur gratitude pour leur contribution. Ils recueillent les éléments factuels nécessaires à la prise de décision et apprécient la mise en place de procédures efficaces.

Points de développement potentiels pour les ESFJ : lors de la prise de décision, les ESFJ peuvent se laisser influencer outre mesure par ce qu'ils croient être le désir des autres, et il peut leur être difficile de modifier leurs plans pour faire face aux possibilités inattendues. Ils risquent d'être trop tolérants et déférents à l'égard des personnes responsables.

Caractéristiques typiques d'un ESFJ : les ESFJ sont généralement chaleureux et reconnaissants, ainsi qu'organisés, pleins d'entrain et d'un grand soutien. Ils sont également réalistes et loyaux.

Carrières et orientation professionnelle des ESFJ : les ESFJ donnent le meilleur d'eux-mêmes dans un environnement qui favorise une ambiance familiale composée d'individus chaleureux et attentionnés. Ils aiment travailler en coopération étroite avec leurs clients et collègues, et sont doués pour communiquer l'importance d'un produit, d'un service ou d'un projet. Les ESFJ sont susceptibles d'être attirés par les métiers de l'enfance, le métier d'infirmier, l'enseignement ou les institutions religieuses.

Les ESFJ sous stress : les ESFJ seront typiquement stressés dans les situations présentées par cette tête de type MBTI. Dans les situations particulièrement stressantes, ils ont tendance à être pessimistes et rigides, et sujets au doute et au manque de tact.

Les ESFJ et les relations : grâce à leur empathie, les ESFJ sont très sensibles aux besoins de chacun, et comprennent les besoins émotionnels et les préoccupations des autres. Leur entourage les perçoit comme sensibles et convaincants.

Le type ENFJ

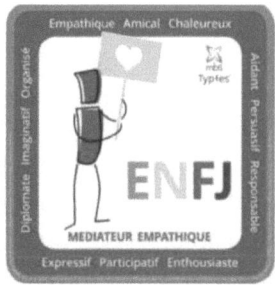

Les types de personnalité ENFJ se montrent attentionnés, empathiques, motivants et suscitant l'inspiration.

Points forts du type ENFJ : les ENFJ sont capables de faire ressortir le meilleur des équipes en travaillant en étroite collaboration avec elles, et en prenant des décisions qui respectent et prennent en compte les valeurs de chacun. Ils sont doués pour établir un consensus et sont des meneurs charismatiques.

Points de développement potentiels pour les ENFJ : les ENFJ parlent souvent beaucoup et peuvent se décourager s'ils ne reçoivent pas suffisamment de retours de la part des autres. Ils attendent de chaque personne qu'elle se consacre autant à sa tâche qu'eux-mêmes, et peuvent trouver les conflits et l'absence de consensus difficiles à gérer. Ils négligent parfois les réalités logiques et factuelles lors de la prise de décision.

Caractéristiques typiques d'un ENFJ : les ENFJ sont généralement chaleureux, coopératifs et d'un grand soutien, ainsi que conviviaux et organisés. Ils ont également tendance à être persuasifs.

Carrières et orientation professionnelle des ENFJ : les ENFJ aiment aider les autres à acquérir de nouvelles compétences, structurer leur temps et respecter les échéances. Ils donnent le meilleur d'eux-mêmes dans un environnement qui favorise la collaboration et l'harmonie, notamment pour parvenir à des objectifs communs. Les ENFJ sont susceptibles d'être attirés par les carrières dans le conseil, l'enseignement, la santé ou la religion.

Les ENFJ sous stress : les ENFJ seront typiquement stressés dans les situations présentées par cette tête de type MBTI. Dans les situations particulièrement stressantes, ils ont tendance à être pessimistes et rigides, et sujets au doute et au manque de tact.

Les ENFJ et les relations : les ENFJ tendent à encourager le développement de ceux qui les entourent, et comprennent rapidement leurs besoins émotionnels. Leur entourage les perçoit comme bienveillants, expressifs et agréables.

Le type ENTJ

Les types de personnalité ENTJ apparaissent comme des leaders naturels, déterminés, décidés et organisés.

Points forts du type ENTJ : les ENTJ perçoivent les choses dans leur ensemble et sont des visionnaires stratégiques. Ils sont capables d'organiser efficacement les gens et les situations pour atteindre leurs objectifs à long terme, et se sentent généralement à l'aise pour exercer un fort leadership sur les autres.

Points de développement potentiels pour les ENTJ : les ENTJ négligent parfois la contribution d'autrui, ainsi que la prise en compte des besoins des personnes qui mettent en œuvre leurs plans. En raison de leur tendance à exiger beaucoup d'eux-mêmes, ils risquent de traiter les autres de la même façon et de les intimider par leur attitude entreprenante.

Caractéristiques typiques d'un ENTJ : les ENTJ sont généralement structurés et provocateurs, ils ont également tendance à être stratégiques et curieux.

Carrières et orientation professionnelle des ENTJ : les ENTJ n'ont pas peur de prendre des décisions difficiles pour aller de l'avant, et ils aiment remédier aux procédures illogiques et inefficaces. Ils donnent le meilleur d'eux-mêmes dans les environnements en pleine croissance qui favorisent la concurrence, récompensent la réussite et leur offrent en permanence de nouveaux défis. Les ENTJ sont généralement attirés par les métiers dans la direction et l'encadrement, dans lesquels la sagacité des analyses est une exigence clé.

<u>Les ENTJ sous stress</u> : les ENTJ seront typiquement stressés dans les situations présentées par cette tête de type MBTI. Dans les situations particulièrement stressantes, ils ont tendance à devenir hypersensibles, sensibles, autoritaires et rigides.

<u>Les ENTJ et les relations</u> : les ENTJ adorent les interactions stimulantes avec les autres qui les dynamisent. Les ENTJ sont perçus par les autres comme décisifs et justes.

A quoi servent les résultats du profil MBTI ?

Votre profil MBTI ainsi déterminé vous aide à mieux vous connaître. Il permet de comprendre comment vous fonctionnez : dans vos relations avec les autres, lorsque vous abordez un travail ou que vous avez une tâche à accomplir.
Ce test n'est valable qu'à partir de 16 ans, âge auquel la personnalité émerge vraiment.

Votre MBTI vous aide à cerner plusieurs traits importants de votre caractère. Certains métiers ou fonctions peuvent permettre de les épanouir plus que d'autres.
Par exemple, si vous avez le profil ENFJ (extraverti, intuitif, sentimental et juge), il vaut mieux pour vous choisir des métiers de relations qui vous permettent de communiquer avec les autres. Cependant, ce profil peut aussi conduire à une multitude de métiers très

différents : dans l'enseignement, la santé, les ressources humaines...

Le test MBTI peut aussi vous aider à améliorer vos relations avec vos proches. Vous êtes perceptif (P), vous vous lancez toujours dans l'action sans filet, vous êtes le roi de l'improvisation, ...Cela peut faire souffrir ceux qui vivent avec vous. La bonne nouvelle, c'est que vous pouvez travailler vos points faibles : apprendre à anticiper par exemple, ou à aller vers les autres si vous êtes introverti.
Le test MBTI peut alors être un bel outil de développement personnel pour équilibrer votre personnalité.

Conclusion

Ce test MBTI est un indicateur qui permet de mieux vous connaître. Vos résultats peuvent, en partie, vous aider à trouver votre voie personnelle et professionnelle. Votre type MBTI peut vous aider à mieux cerner la personne que vous êtes. C'est déjà un pas vers votre propre liberté !

4. Le test 123 test

Ce test, comme tous ceux présentés dans ce livre, vous en apprendra davantage sur votre personnalité et vos forces. Vous connaître est primordial pour choisir ou changer la trajectoire de votre vie personnelle ou professionnelle.

Le **123 test** mesure les 5 principaux traits de personnalité, plus couramment appelés les « **Big Five** », identifiés au cours des 30 à 40 dernières années par différentes équipes indépendantes de chercheurs. Le test des Big Five est, de loin, le modèle psychologique le plus abouti sur le plan scientifique et le plus fiable si vous souhaitez évaluer votre personnalité. Il est rapide et simple. Un grand nombre de psychologues, de conseillers en orientation et autres professionnels qui pratiquent l'évaluation de la personnalité utilisent ce test.
Si vous souhaitez avoir un rapport étendu et connaître votre score, je vous conseille de le faire le 123 test sur Internet sur le site « 123test.com ». Il est entièrement gratuit.

Comment est né ce test ?

Ernest Tupes et **Raymond Christal** sont les premiers à avoir avancé ce modèle de test basé sur les 5 facteurs, en s'inspirant des travaux réalisés au sein du laboratoire du personnel de l'U.S Air Force à la fin des années 1950. **J.M Digman** a proposé son propre modèle de 5 facteurs en 1990 et **Goldberg** l'a étendu aux plus hautes sphères des entreprises en 1993.

Quels sont les 5 traits de personnalité des Big Five ?

Les 5 grands traits sont :

- **L'Ouverture**
- **La Conscience Professionnelle**
- **L'Extraversion**
- **L'agréabilité**
- **Le névrosisme ou neuroticisme.**

Ces traits forment le mot **OCEAN**.

*Ouverture – Les personnes qui aiment apprendre de nouvelles choses et apprécient les nouvelles expériences marquent généralement un score élevé en Ouverture. Cette dimension englobe des traits tels qu'être perspicace et imaginatif, et avoir de multiples centres d'intérêt.

*Conscience professionnelle – Les personnes qui ont un haut degré de conscience professionnelle sont fiables et ponctuelles. Les traits incluent le fait d'être organisé, méthodique et rigoureux.

*Extraversion – Les extravertis puisent leur énergie dans l'interaction avec les autres, tandis que les introvertis la puisent au fond d'eux-mêmes. L'extraversion comprend des traits de type dynamique, loquace et assertif.

*Agréabilité – Ces individus sont amicaux, coopérants et doués de compassion. Les personnes ayant un score bas d'agréabilité peuvent être plus distantes. Parmi les traits, citons le fait d'être gentil, affectueux et sympathique.

*Névrosisme – On parle également de Stabilité émotionnelle. Cette dimension porte sur la stabilité émotionnelle de la personne et son degré d'émotions négatives. Les personnes qui marquent un score élevé en Névrosisme sont souvent confrontées à une instabilité émotionnelle et à des émotions négatives. Les traits incluent le fait d'être d'humeur changeante et tendu.

Comment compléter les questions de ce test ?

Le questionnaire comprend 120 questions. Vous répondez sans limite de temps, en prenant votre temps, en vous posant. Il est préférable de répondre aux énoncés dans l'ordre. Prenez le temps de réfléchir pour faire le bon choix en toute honnêteté. Tachez de ne pas utiliser de choix « neutre ». Décrivez-vous tel/telle que vous êtes actuellement, et non pas comme vous souhaiteriez être à l'avenir. Décrivez-vous tel/telle que vous vous percevez réellement, sans prendre en compte ce que les autres pensent de vous.

Pour chaque énoncé, choisissez la réponse qui reflète le mieux votre avis, en choisissant entre :

- **Pas du tout d'accord**
- **Pas d'accord**
- **Neutre**
- **D'accord**
- **Tout à fait d'accord**

Voici les 120 questions :

1. Je suis bilieux (se).
2. Je me fais facilement des amis.
3. J'ai beaucoup d'imagination.
4. Je fais confiance aux autres.
5. J'accomplis les tâches avec succès.
6. Je me fâche facilement.
7. J'apprécie beaucoup les grandes réceptions et réunions.
8. J'estime que l'art est important.
9. Je trompe parfois les autres pour faire les choses comme je l'entends
10. Je n'aime pas le désordre. J'aime ranger.
11. Je me sens souvent triste.
12. J'aime prendre en mains les situations et les événements.
13. J'éprouve des émotions profondes et variées.
14. J'adore aider les autres.
15. Je tiens toujours mes promesses.
16. Je trouve qu'il est difficile d'approcher les autres.
17. Je suis toujours occupé (e), toujours sur la brèche.
18. Je préfère la diversité à la routine.
19. J'adore une bonne dispute, une bonne querelle.
20. Je travaille très dur.
21. J'aime trop me faire plaisir parfois.
22. J'adore être dans le mouvement.
23. J'aime lire des livres et des articles stimulants.
24. Je crois être meilleur-e que les autres.
25. Je suis toujours préparé-e.
26. Je panique rapidement.

27. Je suis une personne pleine d'entrain.
28. Je tends à soutenir le progrès et la réforme.
29. Je plains les sans-abris.
30. Je suis spontané-e. J'agis sans réfléchir.
31. Je crains le pire.
32. Je me sens à l'aise au milieu des gens.
33. J'adore les accès de fantaisie.
34. Je crois que les gens ont fondamentalement de bonnes intentions.
35. Quand je fais quelque chose, je le fais toujours bien.
36. Je m'irrite facilement.
37. Lors de réceptions, je parle avec beaucoup de personnes différentes.
38. Je vois dans les choses des beautés que les autres pourraient ne pas remarquer.
39. Je n'hésite pas à tricher pour prendre l'avantage.
40. J'oublie souvent de remettre les choses à la bonne place.
41. Je ne m'apprécie parfois pas.
42. J'essaie de commander, de diriger les autres.
43. Je suis empathique. Je ressens les émotions d'autrui.
44. Je m'inquiète pour les autres.
45. Je dis la vérité.
46. J'ai peur d'attirer l'attention sur moi.
47. Je ne m'arrête jamais. Je suis toujours en mouvement.
48. Je crie après les gens.
49. Je fais plus que ce que l'on attend de moi.
50. Je me laisse rarement aller à des excès.
51. Je me donne du mal pour vivre des aventures.

52. Je préfère m'en tenir aux choses que je connais.
53. J'évite les discussions philosophiques.
54. J'ai une haute opinion de moi-même.
55. Je fais ce qui est à faire et réalise mes plans.
56. Je me laisse dépasser par les événements.
57. Je m'amuse beaucoup.
58. Je crois que rien n'est absolument vrai ou faux, bon ou mauvais.
59. J'éprouve de la compassion pour celles et ceux qui n'ont pas la même chance que moi.
60. Je prends des décisions impétueuses.
61. J'ai peur de beaucoup de choses.
62. Si je peux, j'évite d'entrer en contact avec les gens.
63. J'adore rêvasser.
64. Je crois ce que les gens disent.
65. J'accomplis les tâches méthodiquement.
66. Je m'emporte fréquemment.
67. Je préfère être seul-e.
68. Je n'aime pas la poésie.
69. Je profite parfois des autres.
70. Je laisse parfois les lieux en désordre.
71. J'ai parfois le cafard.
72. Je maîtrise les situations.
73. Je remarque rarement mes réactions émotionnelles et mes sentiments.
74. Je suis indifférent-e aux sentiments des autres.
75. Je passe outre les règles.
76. Je ne me sens vraiment bien qu'avec des amis.
77. Je fais beaucoup de choses pendant mes temps libres.
78. Je n'aime pas les changements.

79. J'insulte les gens.
80. Je travaille juste ce qu'il faut pour m'en sortir.
81. Je résiste facilement aux tentations.
82. J'aime prendre des risques.
83. J'éprouve des difficultés à comprendre les idées abstraites.
84. J'ai une haute opinion de moi-même.
85. Je gaspille mon temps.
86. Je me sens incapable de prendre les choses en main.
87. J'adore la vie.
88. Je crois que les lois devraient être appliquées de façon stricte.
89. Je ne suis pas intéressé-e par les problèmes des autres.
90. Je me précipite.
91. Je suis vite stressé-e.
92. Je garde mes distances par rapport aux autres.
93. J'aime me perdre dans mes idées.
94. Je me méfie des ns.
95. Je sais m'y prendre pour faire ce qui est à faire.
96. Je ne suis pas vite contrarié-e.
97. J'évite les foules.
98. Je n'aime pas visiter les galeries d'art ni les expositions.
99. Je manque parfois de coopération. Je freine le plan des autres.
100. Je laisse traîner mes affaires.
101. Je me sens bien dans ma peau.
102. J'attends que les autres prennent les choses en main.
103. Je ne comprends pas que les gens réagissent de manière émotionnelle.
104. Je n'ai pas de temps pour les autres.

105. Je brise parfois mes promesses.
106. Je ne me sens pas gêné-e par les situations sociales difficiles.
107. Je réagis lentement.
108. Je suis attaché-e aux conventions.
109. Je prends toujours ma revanche sur les autres.
110. J'investis parfois peu de temps et d'effort dans mon travail.
111. Je suis à même de contrôler mes envies.
112. J'aime l'action et le danger.
113. Je ne suis pas intéressé-e par les discussions théoriques.
114. J'aime parler de mes qualités.
115. J'ai du mal à me mettre au travail.
116. Je reste calme sous la pression.
117. Je vois toujours le bon côté des choses.
118. J'estime qu'il faut réprimer sévèrement les délits.
119. J'essaie de ne pas penser aux nécessiteux.
120. J'agis sans réfléchir.

Vous l'aurez bien compris, le **123 test** va bien au-delà du simple divertissement. Ce test des **Big Five** vous permet de mieux cerner votre réaction face à différentes situations, ce qui peut vous aider à choisir un emploi, par exemple, ou à redéfinir votre vie personnelle.

Une fois que vous aurez réalisé ce test sur Internet, vous obtiendrez votre score. Je vous livre des explications correspondantes à chaque trait de personnalité.

- **Ouverture à l'expérience**

Les personnes qui obtiennent un résultat élevé se distinguent par leur caractère non-conventionnel, créatif, intellectuel, curieux, et par leur imagination débordante. Elles aiment entendre des opinions nouvelles et inhabituelles. Les personnes obtenant un résultat faible sont conventionnelles, traditionnelles et n'apprécient pas les choses étrangères et qu'elles connaissent mal. Les activités intellectuelles les laissent de marbre et elles n'aiment pas être confrontées à des opinions et à des idées bizarres. Des études ont montré qu'un haut niveau d'ouverture à l'expérience pouvait être tout aussi bénéfique qu'un niveau plus bas, selon la tâche à accomplir. Les personnes possédant un haut niveau d'ouverture à l'expérience ont typiquement tendance à obtenir de meilleurs résultats dans les activités créatives ou dans la recherche, alors que des niveaux d'ouverture plus bas ont leurs avantages dans les domaines de la comptabilité, de la police et des ventes.

Conscienciosité

Les personnes qui obtiennent un résultat élevé sont bien organisées, travailleuses, disciplinées, efficaces, consciencieuses et ordonnées dans leur rapport aux choses et au temps. Les personnes possédant des résultats faibles sont distraites, désordonnées, ont du mal à trouver la motivation nécessaire à accomplir leur travail et leurs devoirs, ne sont pas gênées par l'inachèvement et le manque d'exactitude, et sont désorganisées en ce qui concerne leur environnement et leur emploi du temps. Néanmoins, les personnes possédant une faible consciencisité sont souvent plus spontanées et enjouées, tandis qu'une grande consciencisité peut prédisposer à l'addiction au travail et au perfectionnisme.

Extraversion

Les personnes qui obtiennent un résultat élevé sont extraverties, vives, sociables, bavardes, sûres d'elles, joyeuses, et apprécient les interactions sociales. Les personnes obtenant un résultat faible sont réservées, calmes, effacées et moins dépendantes de la vie sociale. Dans le système des Big Five, l'extraversion est définie comme une activité tournée vers l'extérieur, et ne devrait pas être vue comme un « comportement prosocial. » L'extraversion ne décrit pas, par exemple, à quel point une personne se soucie sincèrement des autres. Elle prend seulement en compte le niveau général d'activité tournée vers l'extérieur. Les personnes introverties ne sont pas asociales, mais ont simplement moins besoin de stimulation et préfèrent passer plus de temps, seules.

Agréabilité

Les personnes qui obtiennent un score élevé sont tolérantes, douces, gentilles, indulgentes, agréables, altruistes et obligeantes. Comme il est très important pour elles de bien s'entendre avec les autres, elles ont des opinions flexibles et répugnent à critiquer ou à juger. Les personnes dont l'agréabilité est faible sont sceptiques, têtues, querelleuses, intéressées et brusques. Les personnes dont l'agréabilité est faible ont aussi tendance à défendre bec et ongles leurs avis et leurs opinions, et à critiquer les autres. Les personnes dont l'agréabilité est élevée sont donc habituellement plus appréciées que les personnes dont l'agréabilité est faible. Néanmoins, l'agréabilité n'est pas toujours utile dans les situations qui demandent de prendre des décisions difficiles ou objectives. Des études ont montré qu'un faible degré d'agréabilité peut avoir de nombreux avantages pour les leaders et les avocats.

Névrosisme

Les personnes qui obtiennent un résultat élevé sont inquiètes, anxieuses, dépressives, complexées et vulnérables au stress et à la dépression. Les personnes qui obtiennent un résultat faible sont calmes, stables, sereines et peu sujettes à l'angoisse. Elles surmontent facilement la colère, le stress et la gêne. Un résultat faible en névrosisme semble donc être une situation enviable mais, cependant, les personnes qui obtiennent un faible résultat peuvent aussi se révéler trop insouciantes et trop enclines à sous-estimer les menaces potentielles de leur environnement.

Conclusion

Tout un chacun pourrait se demander quel trait de la personnalité influence quoi dans sa vie ? Plus vous répondrez à des questions, plus vous affinerez votre personnalité. On croit se connaître, mais c'est un leurre. Combien de fois dans votre vie vous êtes-vous posé pour réfléchir sur vous-même ? Telle est la question que je laisse en suspens…

5. Le test de personnalité DISC

Le **test DISC** est un outil d'évaluation psychologique déterminant le type psychologique d'une personne. Il a été créé par **Walter Moulton Marston**, de l'Université de Harvard, en 1928. Cet acronyme reprend les 4 traits définis : Dominance, Influence, Stabilité, Conformité.

Le créateur de ce test considérait que ces 4 traits, qu'il nommait « énergies », expliquent le comportement des personnes dans la vie professionnelle comme dans la vie personnelle.

Le **DISC** est une grille de lecture des comportements humains. Marston affirmait que ces énergies dépendent de la manière dont les individus perçoivent leur environnement, comme une menace ou une opportunité, et la manière dont ils réagissent à celui-ci, en le subissant ou en essayant de le transformer.

La théorie DISC

La théorie DISC connaît une popularité grandissante. Ce test, élaboré par Walter Vernon Clarke, puis par **John Geier** s'est transformé au fil des décennies en une dizaine de variantes. Les entreprises font généralement passer le test DISC à leurs employés pour leur apprendre comment gérer le conflit et les relations avec leurs collègues. Par ailleurs, le test est souvent utilisé par les managers, sous une forme variante.

Le test DISC permet de connaître ses propres forces, et de mieux comprendre et de mieux cerner d'autres personnes. Il permet également d'obtenir des conseils

concrets à propos de la gestion du temps, de la gestion de soi, de la gestion des collaborateurs, du travail en équipe, et de la communication avec les clients, les partenaires et les enfants.
La symbolique des 4 énergies

*L'énergie **Dominance** (D) structure les comportements des individus qui considèrent l'environnement comme une menace mais qui décident d'agir pour y faire face. **Le Dominant** déborde d'énergie, il est centré sur l'action et toujours en mouvement. D'un naturel plutôt positif et factuel, parfois agressif, il est extraverti, tenace et sait se concentrer sur les résultats à atteindre. Il est plutôt orienté vers les tâches. Il aborde les autres de manière directe et autoritaire. On associe souvent le dominant à la couleur rouge : le feu, l'urgence, les pompiers, etc. Cette personne aime avoir une vue d'ensemble et ne s'embarrasse pas de détails, qui ont tendance à l'ennuyer ou à lui faire peur. Le dominant est franc et ne tourne pas autour du pot pour dire ce qu'il a à dire. C'est une personne motivée par les défis, car les tâches répétitives l'ennuient. Elle avance et se donne les moyens d'atteindre ses objectifs. Le dominant est un compétiteur dans l'âme, ce qui peut le rendre agressif aux yeux des autres. Il peut parler fort et vite.

*L'énergie **Influence** (I) est présente lorsque les individus agissent mais face à un environnement qu'il perçoivent comme plein de ressources. L'influent est soucieux d'avoir de bonnes relations personnelles. Il prend plaisir à la compagnie des autres et estime que la vie doit être amusante. C'est une personne rayonnante et amicale, qui aborde les autres de façon convaincante et démocratique. On associe souvent la couleur jaune à ce profil : le soleil, la joie, etc. C'est une personne plutôt extravertie, mais orientée vers les autres. L'influent montre de l'enthousiasme. Il se passionne très vite pour les nouveautés et possède une réelle capacité à monter en compétence. Il sait transmettre sa motivation à son entourage. Il aime travailler avec les autres. Il a le contact facile, il parle bien. Il vit à travers le regard des autres. Il aime être le centre de l'attention et ne supporte pas d'être seul ou ignoré. Il aime recevoir des compliments. Il fuit la solitude et s'intéresse à ses interlocuteurs. Il entretient son réseau. Il est capable de déléguer beaucoup.

*L'énergie Stabilité (S) se développe lorsque l'individu est plutôt passif mais dans un environnement qu'il considère comme rempli d'opportunités. Le stable apprécie la cohérence dans sa vie et peut combattre pour une cause avec obstination il s'applique à être sérieux et fiable. On associe cette personne à la couleur verte : le calme, l'herbe, la nature, etc. Le stable aime vraiment les personnes. Il parle doucement. Ses interventions sont rares, mais pertinentes. Il ne supporte pas d'être stressé, car il a besoin de temps pour digérer l'information et être capable de réagir. Il fait passer les autres avant lui-même. C'est le profil type du bon père de famille. Il est toujours prêt à aider et à secourir ses proches. Le stable agit de façon modérée et calme. Il est d'humeur égale. C'est aussi une personne humble, qui n'aime pas se mettre en avant.

L'énergie Conformité (C) se retrouve chez les individus qui sont plutôt passifs face à un environnement qu'ils perçoivent comme globalement hostile. Le Consciencieux aime réfléchir avant d'agir. Il peut être perçu comme froid et indifférent. Il manifeste un fort désir de connaître et de comprendre ce qui l'entoure. Il a du mal à répondre à une pression autoritaire et préfère communiquer par écrit. On associe souvent la couleur bleue au consciencieux : la mer, le calme, a police, etc. C'est une personne plutôt introvertie, mais orientée vers les tâches. Le consciencieux aime travailler seul. Il pense que les autres le retardent. Il est réfléchi. Il a besoin de trouver une logique pour adhérer à une décision. Il sait aussi détecter les failles. Sa capacité à déceler des incohérences est force, à prendre au sérieux. Il adore les détails. Il écrit de longs emails, avec moults détails. Mais, il a peur de se tromper. Cette simple éventualité peut le paralyser. Il peut avoir du mal à prendre des décisions par peur de l'erreur. C'est une personne qui respecte les règles et les procédures.

Marston a positionné les énergies sur un disque composé d'un axe. De ce fait, il place les comportements humains sur 16 zones d'un disque, divisé en 4 cadrans. Il a associé une couleur distincte à chacune de ces zones.

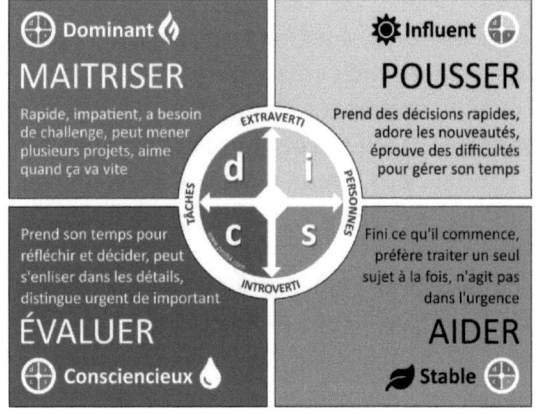

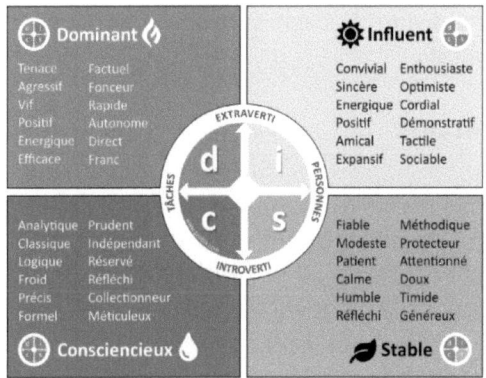

L'intérêt du test DISC

Nous faisons tous souvent une erreur fondamentale : parler aux autres comme nous aimerions qu'ils nous parlent. Or, les autres veulent aussi que nous leur parlions comme ils le souhaitent. Chacun attend de son interlocuteur, inconsciemment, qu'il s'adapte à lui. Mais, une des règles d'or en communication est de s'adapter aux autres.

Il en va de même au sein d'une équipe. Les membres d'une équipe partagent des objectifs ou des projets communs. Mais, chaque membre est unique, avec sa vision des choses, ses attentes, ses besoins propres et sa façon de communiquer. Pour atteindre un même but collectif, chacun aura sa manière personnelle de l'analyser, de procéder et d'en parler. Ceci peut conduire à des conflits, alors qu'il s'agit le plus souvent d'une simple incompréhension.

Il est important de préciser que le test DISC est une grille de lecture des comportements humains. Ce n'est pas un test de QI, ni d'intelligence, ni d'aptitude quelconque. Ce n'est pas non plus une évaluation des valeurs d'un individu. Il s'agit surtout d'une analyse comportementale.

- **Le test DISC**

Comme le test précédent, je vous conseille de faire le test DISC en ligne sur Internet pour connaître votre score, en tapant test disc. Il est entièrement gratuit. Cependant, si vous le faites sur le papier au préalable, vous choisirez entre 5 réponses possibles :

- **Pas du tout d'accord**
- **Pas d'accord**
- **Neutre**
- **D'accord**
- **Tout à fait d'accord.**

Il est évident que vous choisissez vos réponses en toute honnêteté, en rapport avec la personne que vous êtes actuellement, pas avec celle que vous devriez hypothétiquement devenir.

1. Je cours pour arriver plus vite là où je vais.
2. J'aime appeler les gens par leur nom de famille.
3. Je mets les gens sous pression.
4. Je me vante de mes vertus.
5. Je suis toujours à la recherche de moyens pour gagner de l'argent.
6. J'interpelle les gens lorsqu'ils racontent des histoires fausses ou exagérées.
7. J'exige la reconnaissance que je mérite.
8. J'accélère pour éviter de me faire doubler.

9. J'ai un grand besoin de pouvoir.
10. J'essaie de surpasser les autres.
11. J'aime faire partie d'une foule bruyante.
12. Je veux que les inconnus m'aiment.
13. Je plaisante beaucoup.
14. Je ris à voix haute.
15. Je suis prêt-e à tout essayer.
16. Je cherche l'aventure.
17. Je fais beaucoup de bruit.
18. Je trouve de l'humour dans tout.
19. J'aime les grandes fêtes.
20. Je préfère participer pleinement à la vie plutôt que de la voir de loin.
21. J'hésite à critiquer les idées des autres.
22. Je veux juste que le monde soit égal.
23. J'exprime les choses avec diplomatie.
24. J'ai un bon mot pour tout le monde.
25. Je crois que les autres ont de bonnes intentions.
26. Je ne tricherai jamais sur mes impôts.
27. J'accorde plus d'importance à la coopération qu'à la concurrence.
28. Je me vante rarement.
29. Je n'aime pas avoir l'air insistant.
30. Si beaucoup de gens aiment quelque chose, c'est généralement mon cas.
31. Je suis émotionnellement réservé-e.
32. Je lis dans les détails.
33. J'évite les erreurs.
34. Je suis toujours sur mes gardes.
35. Je ne jette jamais de déchets par terre.
36. Je n'aime pas les bavardages.
37. Je déteste quand les gens veulent faire des changements sans raison.

38. J'aime l'ordre et la régularité.
39. Ma première réaction à une idée est de voir ses défauts.
40. Je pars tôt des fêtes.

Les profils plus en détail

Les Conformes :

Les Conformes sont précis, consciencieux et soucieux du détail. Ils réfléchissent de manière analytique et systématique, et prennent des décisions avec soin, avec de nombreuses recherches et informations pour les étayer. Ils ont des normes très élevées pour eux-mêmes et pour les autres. Ils voient ce que de nombreux autres styles de personnalité ne voient pas, ils ont tendance à être de bons résolveurs de problèmes et des gens très créatifs.

Ils ont tendance à être «l'ancre de la réalité» dans la pensée d'équipe. Quand quelque chose est proposé, ils réfléchissent à chaque détail de son fonctionnement et de son processus. Ils feront des estimations réalistes et exprimeront les problèmes qu'ils voient avec le plan ou le système déjà existant. Ils sont d'humeur égale. Ils accompliront les tâches auxquelles ils se sont engagés. Ils sont très fiers de faire leur travail avec précision et sont d'excellentes personnes pour analyser, rechercher ou tester des informations.

Ils évitent les conflits plutôt que d'argumenter. Il est difficile de leur faire exprimer leurs sentiments. Ils ont besoin de limites bien définies pour se sentir à l'aise au travail, dans les relations ou pour agir. Parfois, ils sont braqués sur des procédures et des méthodes, et il leur est difficile de s'en écarter. De même, ils peuvent s'enliser dans des détails, ce qui rend difficile de voir les prochaines étapes ou une vue d'ensemble.

Comme il sont très fiers d'être précis et corrects, ils craignent la critique. Ils ont des normes de qualité très élevées et sont motivés par une bonne information, des recherches avant de décider, des paramètres et des instructions clairs, un travail précis et correct et la réalisation d'un projet jusqu'à la fin.

Ils préfèrent un environnement paisible et organisé avec peu ou pas de conflits. Ils n'ont pas besoin de contact social au travail et préfèrent donc travailler seuls. Ils ont besoin d'un environnement où les tâches et les projets peuvent être suivis jusqu'à leur achèvement, et surtout exceller dans les tâches spécialisées ou techniques en raison de leur souci du détail. Ils se sentent plus en sécurité avec des procédures et des instructions.

Ils souhaitent l'indépendance et l'autonomie, mais également un environnement de travail contrôlé et organisé. Ils ont besoin d'être rassurés sur le fait qu'ils font ce qui est attendu et préfèrent que les attentes et les objectifs soient définis. Ils souhaitent que les choses ne changent pas, mais si un changement est nécessaire, qu'il soit bien pensé et planifié.

Ils peuvent manquer de perspective sur l'image globale. Néanmoins, ils trouvent toutes les erreurs qui doivent être corrigées. Ce sont des dépanneurs très efficaces. Ils excellent avec l'analyse de détails, mais s'ils trouvent des problèmes ou perçoivent un risque, ils essaieront d'éviter ou de reporter les décisions qui en découlent.

Ils sont des organisateurs instinctifs, qui peuvent à la fois créer et maintenir des systèmes. Ils recherchent la cohérence, la logique et la précision et font un très bon travail. Ils posent des questions importantes et parlent des problèmes qui pourraient retarder les projets. Ce sont des gestionnaires qui se concentrent sur les tâches et les mènent à bout. Ils mettent l'accent sur la qualité, réfléchissent logiquement et s'efforcent d'adopter une approche diplomatique et un consensus au sein des groupes.

Ils devraient être plus ouverts aux idées et aux méthodes des autres, en construisant des relations solides avec eux, car ils peuvent avoir tendance à se concentrer sur leurs tâches et à vouloir travailler seul. Ils doivent aussi se forcer à prendre des décisions et des risques, même s'ils n'ont pas pu tout analyser dans les détails.

Les Stables :

Les stables sont d'humeur égale, amicaux, sympathiques avec les autres et très généreux avec leurs proches. Ils sont à l'écoute, préfèrent des relations étroites et personnelles, sont très ouverts avec leurs proches, mais peuvent aussi être parfois possessifs.

Ils sont fiables, patients et veulent travailler en équipe de manière harmonieuse. Ils s'efforcent de parvenir à un consensus et s'efforceront de concilier les conflits à mesure qu'ils surviennent. Ils sont loyaux, se conforment à l'autorité, sont multi-tâches et assument leur travail jusqu'à son achèvement.

Ils aiment la routine qui les rassure. Il en résulte une opposition au changement. Lorsque le changement se produit, ils s'ajustent mieux lorsqu'ils disposent d'une période suffisamment longue pour s'adapter et d'une explication des raisons pour lesquelles le changement se produit. Ils évitent les conflits et peuvent également avoir des rancunes lorsqu'ils éprouvent des frustrations et des ressentiments, au lieu de faire face de front au problème. Ils recherchent des environnements et des relations positives. Ils peuvent être particulièrement sensibles en matière de critique. Ils veulent plaire aux autres et peuvent donc avoir du mal à dire «non» ou à établir des priorités.

Ils craignent le changement parce qu'il peut remettre en cause leur sécurité. Ils évitent les conflits et recherchent des environnements en harmonie. Ils apprécient vraiment la reconnaissance de leur fidélité et de leur fiabilité.

Il s'épanouissent dans une équipe mais préfèrent les individus et les groupes en qui ils ont confiance et se sentent à l'aise. Ils aiment les environnements avec peu de surprises, et peu ou pas de conflits. Ils aiment les tâches qui peuvent être accomplies en une seule fois, du début à la fin.

Les stables peuvent fonctionner lentement et systématiquement, ce qui peut ralentir l'action. S'ils ont vraiment une préoccupation ou un doute, ils vont probablement l'intérioriser ou hésiter à exprimer leurs commentaires à moins qu'un environnement sûr n'ait été créé pour le dialogue.

Ils sont naturellement relationnels, créant un environnement d'équipe favorable et positif. Ils sont ancrés dans la réalité et le bon sens, et peuvent être en mesure de voir un moyen simple ou pratique pour atteindre un objectif. Ce sont des multi-tâches talentueux, mais ils travailleront à un rythme lent et régulier jusqu'à ce que quelque chose soit terminé. Ils aborderont les autres membres de l'équipe avec patience, attention, loyauté et un tempérament égal. Ils peuvent visualiser le projet à partir de la vue d'ensemble globale ainsi que des étapes plus petites pour y arriver. Ils ont tendance à être des artisans de paix.

Ils peuvent lutter contre le changement, et par conséquent, ils auront du mal à s'adapter et devront travailler sur l'ouverture et la flexibilité dans ce domaine. Parce qu'ils souhaitent des relations personnelles positives et éviter les conflits, ils peuvent être trop gentils et mettre les besoins des autres avant les leurs. Ils pourraient profiter d'être plus directs dans leurs interactions et d'être conscients de leurs propres désirs et besoins. Parfois, leur rythme de travail peut avoir besoin d'être augmenté pour atteindre les objectifs en temps opportun.

Les Influents :

Les influents n'ont pas peur d'être le centre de l'attention. Ils sont enthousiastes, optimistes, bavards, persuasifs, impulsifs et émotionnels. Ce type de personnalité fera naturellement confiance aux autres et fonctionne mieux quand il travaille en équipe.

Le influents résolvent les problèmes de manière créative en sortant des sentiers battus. Ils sont de grands motivateurs pour les autres. Ils sont enthousiastes et positifs. Ils feront tout leur possible pour éviter les conflits.

Les influents n'apprécient guère les détails. Ils sont plus préoccupés par les gens et la popularité que par les résultats tangibles et l'organisation. Ils peuvent donner l'impression d'attendre pour parler au lieu d'écouter vraiment ce que quelqu'un d'autre dit.

Étant donné que l'acceptation et l'approbation par les autres sont leur principale préoccupation, le rejet est leur plus grande peur. Les influents sont motivés par l'approbation, la flatterie, les éloges, la popularité ou l'acceptation des autres. Ils aiment la liberté et gravitent vers un environnement convivial et amusant. Ils excellent le plus lorsqu'ils peuvent parler, présenter, établir des relations ou travaille en équipe, mais ont besoin d'une autre personne pour gérer les détails.

Les influents nécessitent un lieu de travail peu rigide et peu contrôlant. Ils recherchent un climat de travail harmonieux, social et flexible, Ils ont besoin d'exprimer leurs idées et aiment les activités de groupe. Ils recherchent l'estime de leurs proches et collègues. Ils aiment être reconnus pour leur créativité, leur capacité à motiver et à influencer, et surtout pour leur sens de l'humour lorsque cela est possible.

Les influents sont susceptibles de perdre leur concentration lorsque trop de détails sont présents. Ils peuvent ignorer des informations et des faits importants.

Ce sont des communicateurs instinctifs et des managers participatifs qui peuvent à la fois influencer et inspirer les autres. Ils sont spontanés, agréables et très motivants en équipe ou en groupe. Ils gèrent bien le changement et réagissent bien à l'inattendu, donnant souvent une tournure positive à tout facteur négatif. Leur enthousiasme leur offre des opportunités de leadership. Ils expriment bien leurs idées, travaillent bien avec les autres et n'ont pas peur de donner leur avis. Ils font de bons porte-paroles, sont convaincants et connus pour leur attitude positive. Ils sont de puissants leaders dans les sessions de brainstorming.

Ils ont tendance à être impulsifs dans la prise de décision et bénéficieraient de réfléchir avant d'agir. Ils sont merveilleux pour présenter, motiver et résoudre des problèmes, mais peuvent parfois être lents à agir. Ils pourraient profiter de diviser les grands objectifs en étapes plus petites et de tenir des listes. Ils ont tendance à être des penseurs très rapides et peuvent avoir besoin de ralentir le rythme des autres membres de l'équipe. En tant que locuteurs naturels, ils peuvent devoir se concentrer sur parler moins et écouter plus. Ils peuvent avoir tendance à dire «oui» et à trop promettre. Ils ne devraient pas assumer plus qu'ils ne peuvent accomplir et se concentrer sur le suivi des tâches.

Les Dominants :

Les Dominant ont tendance à être autonomes, directs et décisifs. Ils préfèrent diriger que suivre et tendent vers des postes de direction et de gestion. Ils ont généralement une grande confiance en eux, aiment prendre des risques et résoudre des problèmes. Les autres ont donc tendance à se tourner vers eux pour prendre des décisions.

Ils pensent à des objectifs généraux et à des résultats tangibles. Ce sont des organisateurs qui aiment diriger. Ils accordent une grande valeur aux délais et aux résultats. Les Dominants peuvent défier le statu quo et penser de manière très innovante. Ils ont tendance à outrepasser l'autorité, car ils préfèrent être eux-mêmes responsables. Parfois, ils peuvent ne pas écouter le raisonnement des autres. Ils ont tendance à détester la répétition et la routine, et peuvent ignorer les détails, même si c'est important. Ils sont souvent hyperactifs, en espérant voir des résultats rapides.

Le Dominant aspire à contrôler la situation et craint l'idée d'être utilisé par d'autres. Il est fortement motivé par de nouveaux défis, la fixation et la réalisation d'objectifs, et l'obtention de résultats tangibles. Il aime recevoir la reconnaissance verbale des autres ainsi que des récompenses. Il a le pouvoir et l'autorité de prendre des risques et des décisions. Étant donné que la répétition est frustrante pour le Dominant, les environnements changeants dans lesquels travailler et jouer peuvent être très motivants.

Les Dominants aiment se concentrer sur l'avenir, la vue d'ensemble, aiment les tâches et activités difficiles non routinières. Ils sont motivés par des projets qui produisent des résultats physiques, traçables ou tangibles. Ils aiment être en charge ou avoir la liberté de prendre des décisions pour eux-mêmes et peuvent avoir besoin d'être libérés des contrôles, de la supervision et des détails.

Les dominants recherchent, la liberté personnelle et la possibilité d'avancement. Ils souhaitent être reconnus et récompensés pour leur travail et leurs idées.

Ils seront probablement des managers très autocratiques et monteront au sommet pendant les moments de crise. Ils fourniront une direction et un leadership, pousseront les groupes vers la prise de décision, resteront concentrés sur les objectifs et feront pression pour obtenir des résultats tangibles.

Ils peuvent parfois intimider des groupes en raison de leur franchise et de leur manque d'intérêt social pour les autres. Ils sont généralement des penseurs optimistes, mais peuvent avoir des conflits de personnalité avec d'autres qu'ils perçoivent comme négatifs. Ils fonctionnent bien avec de lourdes charges de travail et lorsqu'ils sont stressés, et accueillent sans crainte les nouveaux défis et risques.

Le Dominant peut avoir besoin de d'écouter plus activement, d'être attentif aux idées des autres membres de l'équipe et de rechercher un consensus au lieu de prendre des décisions seul. Au lieu de ne faire que des déclarations larges et décisives, il doit veiller à expliquer le «pourquoi» de ses propositions et décisions. Le Dominant peut parfois avoir tendance à trop contrôler et devra surveiller son ton et son langage corporel lorsqu'il se sent frustré ou stressé. Il peut avoir besoin de se concentrer davantage sur le développement de relations personnelles et la reconnaissance des opinions, des sentiments et des désirs des autres. Il peut être nécessaire pour lui d'être plus convivial et plus accessible.

--------Je pense que désormais, vous avez votre profil DISC et que vous vous êtes reconnu dans un de ces profils. Vous êtes obligatoirement dans une des cases des schémas proposés précédemment dans ce chapitre. Vous avez forcément un profil qui domine parmi les 4 proposés. Il est extrêmement rare de voir une personne qui est purement dominante ou influente ou stable ou consciencieuse.

Le **test DISC** permet en tout cas de comprendre son propre comportement. Vous pourrez aussi identifier plus facilement le comportement de votre entourage, et notamment, celui de vos collègues.

Conclusion

Cela ne prend que quelques minutes pour passer un test de personnalité. Mais, que les résultats sont précieux ! Vous avez passé 5 tests, arrivé à ce stade du livre. Commencez-vous à voir plus clair en vous ? Nous n'en sommes qu'à la moitié et d'autres tests vous attendent.

6. Le test de personnalité HEXACO

Ce **test HEXACO** représente un avancement très actuel en psychologie de la personnalité. **Michael C.Ashton** et **Kibeom Lee** l'ont publié en 2004 et mis à jour en 2009. Ce modèle est dans la lignée du très classique modèle des 5 grands facteurs de la personnalité «(les « Big Five »), comme vous l'avez vu dans un chapitre précédent.

Ashton et Lee ont intégré les résultats de recherche du test des Big Five. Le test HEXACO consiste en 100 questions. A l'issue de ce test, vous voyez comment vous vous situez sur 25 facettes de personnalité organisées en 6 dimensions (ou facteurs).

- L'Honnêteté-humilité (H) (sincérité, équité, évitement de la cupidité, modestie)
- L'Emotivité (E) (appréhension, anxiété, dépendance, sensibilité)
- L'eXtraversion (X) (amour propre social, audace sociale, sociabilité, vitalité)
- L'Agréabilité (A) (indulgence, gentillesse, flexibilité, patience)
- La Conscienciosité (C) (organisation, diligence, perfectionnisme, prudence)
- L'Ouverture (O) (appréciation esthétique, curiosité, créativité, non-conventionnalité)

Chaque facteur se décompose en 4 traits.
Ce test de personnalité, comme les précédents, est le fruit d'études scientifiques probantes.

Pour chaque question, vous choisissez 5 réponses possibles : tout à fait en désaccord/ en désaccord/ neutre/ d'accord/tout à fait d'accord.

Vous répondez sans prendre le temps de réfléchir, en toute honnêteté avec vous-même.

Je ne peux que vous conseiller de faire le test en ligne pour obtenir réellement des résultats probants.

Voici les 100 questions :

1. Visiter une galerie d'art m'ennuierait.
2. Je nettoie assez souvent mon bureau ou ma maison.
3. Je suis rarement rancunier, même envers les personnes qui m'ont causé de graves préjudices.
4. Je me sens raisonnablement satisfait de moi-même dans l'ensemble.
5. J'ai peur de voyager en cas d'intempéries.
6. Si je souhaite obtenir quelque chose d'une personne que je n'aime pas, je serai agréable envers elle pour obtenir ce que je veux.
7. Apprendre l'histoire et les politiques d'autres pays m'intéresse.
8. Au travail, je me fixe des objectifs ambitieux.
9. Les gens me disent parfois que je juge trop les autres.
10. Je fais rarement part de mes opinions pendant des réunions de groupe.

11. Parfois, je ne peux m'empêcher de m'inquiéter pour des incidents sans importance.
12. Si j'avais la certitude de ne jamais me faire prendre, je volerais volontiers un million de dollars.
13. Je préfère un emploi routinier à un emploi qui demande une certaine créativité.
14. Je révise souvent mes travaux plusieurs fois pour vérifier les erreurs.
15. Les gens disent parfois que je suis une personne têtue.
16. J'évite de « bavarder » avec les gens.
17. Lorsqu'une expérience douloureuse m'afflige, j'ai besoin de quelqu'un pour me sentir mieux.
18. Avoir beaucoup d'argent n'est pas particulièrement important pour moi.
19. Porter attention aux idées radicales est une perte de temps.
20. Lorsque je prends des décisions, je me fie à mon intuition du moment plutôt que de prendre le temps d'évaluer rationnellement la question.
21. Les gens trouvent que je suis une personne qui se fâche facilement.
22. La plupart du temps, je suis plein-e d'énergie.
23. Voir quelqu'un pleurer me donne envie de pleurer moi-même.
24. Je suis une personne ordinaire qui n'est pas meilleure que les autres.

25. Je ne perdrais pas mon temps avec un livre de poésie.
26. J'organise et je prévois à l'avance afin d'éviter de tout bousculer à la dernière minute.
27. Mon attitude envers celles et ceux qui m'ont traité-e injustement est de « pardonner et oublier ».
28. Je pense que la plupart des personnes aiment certains aspects de ma personnalité.
29. Je n'ai pas d'objection à faire un travail dangereux.
30. Je n'aurais pas recours à la flatterie pour obtenir une augmentation de salaire ou une promotion, même si je crois que cela aurait d'excellentes chances de réussir.
31. J'aime bien regarder des cartes géographiques de différents endroits.
32. Je me donne au maximum afin d'atteindre un but.
33. J'accepte généralement les fautes des autres sans me plaindre de celles-ci.
34. Dans des situations sociales, je suis la personne qui fait généralement les premiers pas.
35. J'ai tendance à beaucoup moins m'inquiéter que la plupart des gens.
36. Je serais tenté-e par l'achat de biens volés si mon budget était serré.

37. J'aimerais bien créer une œuvre d'art comme un roman, une chanson ou une peinture.
38. Lorsque je travaille, je me soucie peu des petits détails.
39. Je suis plutôt flexible dans mes opinions lorsque les gens ne sont pas d'accord avec moi.
40. J'aime être dans une situation où il y a beaucoup de gens et avoir l'occasion de discuter avec beaucoup d'entre eux.
41. Je peux gérer les situations difficiles sans le soutien moral de qui que ce soit.
42. J'aimerais habiter un quartier très riche et huppé.
43. J'aime bien les gens qui sont capables d'une vision non conventionnelle des choses.
44. Je fais beaucoup d'erreurs, parce que je ne pense pas avant d'agir.
45. Je me frustre très rarement, même lorsqu'on ne me traite pas bien.
46. La plupart du temps, je suis jovial(e) et optimiste.
47. Lorsqu'une personne qui m'est proche est malheureuse, je peux presque ressentir sa douleur moi-même.
48. Je ne voudrais pas que les gens me traitent comme quelqu'un de supérieur-e à eux.

49. Si j'en avais la chance, j'aimerais bien assister à un concert de musique classique.
50. Les gens plaisantent souvent à propos du désordre de ma chambre ou de mon bureau.
51. Si une personne m'a déjà trompé(e), je m'en méfierai toujours.
52. J'estime que je suis une personne peu populaire.
53. Les dangers physiques me font très peur.
54. Pour obtenir quelque chose de quelqu'un en particulier, je rirais de ses blagues même si elles sont plates.
55. Un livre sur l'histoire des sciences et de la technologie serait pour moi très ennuyeux.
56. Souvent, il m'arrive d'abandonner mes objectifs avant de les avoir atteints.
57. Je juge souvent les autres avec indulgence.
58. Lorsque je suis en groupe, je suis souvent le ou la porte-parole.
59. J'ai rarement ou jamais de mal à dormir en raison du stress ou de l'anxiété.
60. Je n'accepterais jamais de pot-de-vin, aussi gros soit-il.
61. On me dit souvent que j'ai beaucoup d'imagination.
62. Je fais toujours mon travail avec minutie, même lorsque cela exige plus de temps.

63. Lorsqu'on me dit que j'ai tort, ma réaction première est de défendre mon point de vue.
64. Je préfère les emplois qui exigent une interaction sociale active à un emploi où il faut travailler seul.
65. Lorsque quelque chose m'inquiète, j'aime partager mes préoccupations avec une autre personne.
66. J'aimerais bien qu'on me voie au volant d'une voiture qui coûte très chère.
67. Je me considère comme une personne quelque peu excentrique.
68. Je ne laisse pas mes pulsions contrôler mon comportement.
69. La plupart des gens se fâchent plus rapidement que moi.
70. Les gens me disent souvent de m'égayer.
71. Je me sens très émotif-ve quand une personne qui m'est proche s'en va pour une longue période.
72. Je crois mériter plus de respect qu'une personne moyenne.
73. Parfois, j'aime bien simplement admirer le vent souffler dans les arbres.
74. Au travail, mon désordre me cause parfois des problèmes.
75. Il m'est difficile de pardonner totalement à quelqu'un qui m'a blessé(e).
76. J'estime parfois que je suis une personne sans valeur.

77. Même en cas d'urgence, je ne panique pas.
78. Je ne ferais pas semblant d'aimer une personne dans le seul but d'obtenir une faveur d'elle.
79. Je n'ai jamais vraiment aimé feuilleter une encyclopédie.
80. Je ne fais que le strict minimum de mon travail.
81. Même lorsque les gens commettent de nombreuses erreurs, j'émets rarement des commentaires négatifs.
82. Je suis généralement timide quand je parle devant un groupe.
83. Je deviens anxieux lorsqu'une décision importante est sur le point d'être rendue.
84. Je serais tenté-e d'utiliser de la fausse monnaie si j'étais certain(e) de ne jamais me faire prendre.
85. Je ne me considère pas comme une personne artistique ou créative.
86. On me qualifie souvent de perfectionniste.
87. Je trouve qu'il est difficile de faire des compromis quand je crois vraiment avoir raison.
88. Me faire des amis est ma priorité quand je suis dans un nouvel environnement.
89. Je parle très rarement de mes problèmes aux autres.
90. Posséder des articles de luxe me ferait très plaisir.

91. Parler de philosophie m'ennuie.
92. Je préfère être spontané-e que de m'en tenir à un plan.
93. Il est difficile de rester calme quand quelqu'un m'insulte.
94. La plupart des gens sont plus optimistes et dynamiques que moi.
95. Je reste impassible même dans des situations où la plupart des gens deviennent très émotifs.
96. Je veux que les gens sachent que je suis une personne importante et supérieure.
97. J'éprouve de la compassion pour les personnes qui ont moins de chance que moi.
98. J'essaie de donner généreusement à ceux qui sont dans le besoin.
99. Je n'aurais pas de remords à causer du tort à une personne que je n'aime pas.
100. On me considère comme une personne impitoyable.

Une fois que vous avez répondu aux 100 questions, les 6 dimensions ainsi mesurées forment l'acronyme HEXACO (comme mentionnées au début de ce chapitre). Le site Internet calcule votre score sur 5 concernant les 6 dimensions, en comparant avec la population générale.

Voilà ce que le résultat a donné pour mes réponses :

	Vos scores	Population générale
Honnêteté-humilité	4.8	3.2
Émotivité	3.4	3.4
eXtraversion	3.5	3.5
Agréabilité	3.3	2.9
Consciencieusité	4.4	3.4
Ouverture à l'expérience	4.4	3.4
Altruisme	4.3	3.9

Ensuite, on vous propose une roue avec les différentes facettes correspondantes aux 6 dimensions. Voici ma roue :

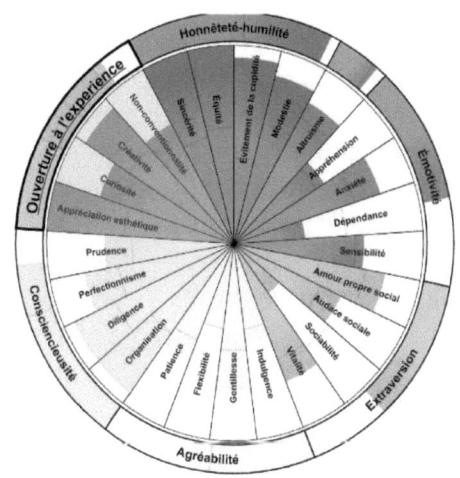

Ensuite, pour chaque dimension, différents critères sont proposés et calculés sur 5, accompagnés d'un commentaire général.

- **Pour la dimension honnêteté/humilité :**
- Sincérité
- Equité
- Evitement de la cupidité
- Modestie

Les personnes qui ont des scores très élevés évitent de manipuler les autres pour des gains personnels, sont peu tentées de briser les règles, ne sont pas intéressées dans la richesse et le luxe excessifs, et n'ont pas l'impression d'avoir spécialement droit à un statut social élevé.

Celles qui ont des scores très faibles peuvent flatter les autres pour obtenir ce qu'elles veulent, sont enclines à enfreindre les règles pour leur profit personnel, sont motivées par les gains matériels, et ont un fort sentiment de leur propre importance.

- **Pour la dimension émotivité :**
- Appréhension
- Anxiété
- Dépendance
- Sensibilité

Les personnes ayant des scores très élevés ressentent une crainte des dangers physiques, une anxiété en réponse aux stress de la vie, un besoin de soutien émotionnel de la part des autres et de l'empathie et des sentiments d'attachement envers les autres.

Celles qui ont des scores très faibles ne sont pas arrêtées par la perspective d'un préjudice physique, ressentent peu d'inquiétude même dans des situations stressantes, ont peu besoin de partager leurs préoccupations avec les autres, et se sentent émotionnellement détachées des autres.

- **La dimension extraversion :**
- Amour propre social
- Audace sociale
- Sociabilité
- Vitalité

Les personnes ayant des scores très élevés ont une perception positive d'elles-mêmes, se sentent confiantes d'être leaders ou de s'adresser à des groupes de personnes, aiment les rassemblements et les interactions sociales et éprouvent des sentiments positifs d'enthousiasme et d'énergie.

Celles qui ont des scores très faibles s'estiment impopulaires, se sentent mal à l'aise quand elles sont au centre de l'attention sociale, sont indifférentes aux activités sociales, et se sentent moins vives et optimistes que d'autres.

- **La dimension agréabilité :**
- Indulgence
- Gentillesse
- Flexibilité

- Patience

Les personnes ayant des scores très élevés pardonnent les torts dont elles ont souffert, sont indulgentes dans le jugement des autres, sont prêtes à faire des compromis et à coopérer avec les autres, et peuvent facilement contrôler leur colère.

Celles qui ont des scores très faibles gardent rancune contre ceux qui les ont blessées, sont plutôt critiques vis-à-vis des insuffisances des autres, sont têtues dans la défense de leur point de vue, et ressentent de la colère facilement en réponse à de mauvais traitements.

- <u>La dimension consciencieusité :</u>
- Organisation
- Diligence
- Perfectionnisme
- Prudence

Les personnes ayant des scores très élevés organisent leur temps et leur environnement physique, travaillent de manière disciplinée vers leurs objectifs, aspirent à la précision et à la perfection dans leurs tâches, et délibèrent soigneusement avant de prendre des décisions.

Celles qui ont des scores très faibles ont tendance à ne pas se soucier que l'environnement ou les horaires soient ordonnés, à éviter les tâches difficiles ou les objectifs ambitieux, à se satisfaire d'un travail qui contient des erreurs, et prennent des décisions sur l'impulsion ou avec peu de réflexion.

- **La dimension ouverture à l'expérience :**
  - Appréciation esthétique
  - Curiosité
  - Créativité
  - Non-conventionnalité

Les personnes ayant des scores très élevés aiment contempler la beauté de l'art et de la nature, sont curieuses au sujet de divers domaines de connaissance, utilisent leur imagination librement dans la vie quotidienne, et prennent intérêt aux idées ou personnes inhabituelles.

Celles qui ont des scores très faibles sont peu impressionnées par la plupart des œuvres d'art, ressentent peu de curiosité intellectuelle, évitent les activités créatives, et sentent peu d'attrait envers les idées qui peuvent sembler radicales ou non conventionnelles.

Conclusion

Souvenez-vous qu'aucun modèle de test n'est parfait, mais que chacun d'entre eux définit une partie de votre personnalité. Une tendance se dégage. Considérez chaque test comme un outil complémentaire pour étudier votre personnalité.

7. Le test Ennéagramme

- Qu'est-ce que l'Ennéagramme ?

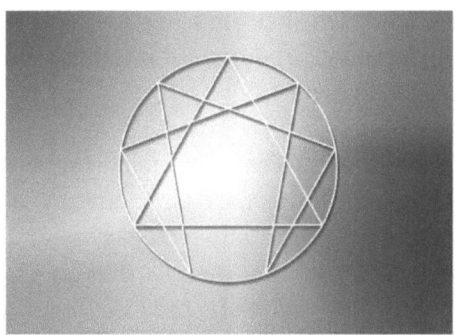

L'**Ennéagramme** est une figure géométrique de 9 ennéatypes et autant de chances d'apprendre à mieux se connaître.

Au début du XXe siècle, **Georges Gurdjieff** et **Piotr Ouspensky,** deux philosophes russes un brin portés sur l'ésotérisme, utilisaient cette figure géométrique pour étudier les comportements humains. Quelques décennies plus tard, les Américains **Oscar Ichazo** et **Claudio Naranjo** s'emparent du concept et créent une méthode de développement personnel basée sur un questionnaire. Le but est de déterminer quel serait notre « ennéatype », notre manière préférée de fonctionner. Le tout pour une meilleure compréhension de soi et du monde qui nous entoure.

L'objectif de la connaissance de votre type ennéagramme est de vous aider à mieux vous comprendre et d'enrichir votre développement personnel. L'ennéagramme est un modèle structurant la personnalité humaine à partir de 9 types différents de fonctionnement relatifs aux directions de trois centres d'intelligence (mental, émotionnel et instinctif) que nous possédons tous. Chaque type ennéagramme se base sur des craintes inconscientes, des désirs cherchant à les compenser, et exprime une manière unique par laquelle les trois centres d'intelligence interagissent entre eux.

L'ennéagramme n'est absolument pas qu'un simple test de personnalité catégorisant 9 différents types de fonctionnement : il admet un système d'influence de types voisins (les ailes) et plusieurs niveaux de sanité au sein de chaque type (qui peuvent mener vers un type d'intégration ou de désintégration). Ainsi deux personnes d'un même type, selon la manière dont ils gèrent leur compulsion et le degré d'influence des types voisins, peuvent être très différentes.

Comme pour les autres tests, je vous conseille de le faire en ligne pour avoir votre profil plus en détail.

Comme pour les autres tests, je vous propose toutes les questions, pour lesquelles vous cocherez la réponse qui vous convient le mieux, en l'état actuel de votre situation : très faux/ faux/ neutre/vrai/très vrai. Vous répondrez tel que vous êtes actuellement, et non en fonction de la personne que vous voudriez être. Autrement, cela n'a aucun sens.

Voici les 72 questions :

1. J'ai du mal avec les limites et les restrictions, mais il n'est pas rare que j'en abuse quand une activité m'amuse.
2. J'accepte les autres comme ils sont et j'essaie de toujours entretenir une atmosphère pacifique.
3. Je suis de nature très méfiante envers les autres et j'ai tendance à tester leur loyauté.
4. De nature adaptable et sociable, je m'infiltre assez naturellement dans les cercles sociaux que je souhaite intégrer.
5. Je minimise mes besoins physiques et émotionnels pour préserver mon autonomie personnelle.
6. J'ai du mal à faire des compromis.
7. J'ai un très bon relationnel et je m'adapte facilement aux personnes que je rencontre.

8. J'ai tendance à réprimer ma colère et mes mauvaises impulsions.
9. J'essaie souvent d'aider les plus sérieux à se détendre et rire davantage.
10. Je donne beaucoup et tout ce qui peut m'importer (souvent secrètement) en retour, c'est d'être aimé.
11. Particulièrement sous le stress, j'ai tendance à m'échapper dans mon imagination.
12. J'aime avoir et exercer le pouvoir.
13. J'ai tendance à rendre les choses intéressantes, agréables et plus amusantes.
14. J'ai besoin d'être le chef de l'équipe pour me sentir à l'aise.
15. J'ai besoin de beaucoup de temps seul et privé pour me ressourcer.
16. Le sentiment d'appartenance et de loyauté à une autorité à laquelle je peux faire confiance compte beaucoup pour moi.
17. Je suis souvent sceptique vis-à-vis des intentions cachées des autres.
18. On m'a déjà accusé d'être trop dramatique, mais c'est parce qu'on ne comprend pas ce que je ressens.
19. Il y a peu de choses dans la vie que je ne peux pas apprécier.

20. Je minimise mes espoirs et attentes de manière à ne pas pouvoir être déçu.
21. Dans le cadre où ce serait possible, je pourrais très bien passer la journée à ne rien faire et me contenter de me reposer.
22. Je préfère nettement que les choses soient planifiées plutôt que d'y aller à l'improvisation.
23. Je suis quelqu'un de protecteur et très fidèle, mais si on me trahit, je peux devenir impitoyable et me venger.
24. J'ai du mal à reconnaitre que je puisse avoir des désirs, des besoins ou des envies.
25. J'essaye de faire les choses selon des principes éthiques et moraux, je me critique beaucoup intérieurement si je n'y parviens pas.
26. J'ai tendance à imaginer les pires scénarios possibles et je m'y prépare émotionnellement au cas où.
27. J'ai beaucoup de connaissances, et j'ai de quoi être compétent, mais j'ai des difficultés en relationnel.
28. J'ai beaucoup de difficulté à dire « non ».
29. J'ai une sorte de « critique interne » qui surveille constamment mes pensées et mes actions de manière à

ce que je suive ce qui est en accord avec des principes moraux.
30. Je suis souvent dérangé parce que les choses ne sont pas comme elles devraient éthiquement être.
31. Je me sens rapidement ennuyé et coincé par l'engagement, je préfère garder toutes mes options ouvertes.
32. Je suis plus silencieux que la plupart des gens et ils me demandent souvent ce que je pense.
33. J'utilise souvent mon imagination pour fantasmer sur des situations idéales.
34. Le succès, c'est quelque chose d'important pour moi.
35. J'ai le sentiment d'être très différent et de ressentir plus profondément les choses que les autres.
36. Je n'hésite pas à entraver les règles quand ça m'arrange si ça respecte mon code d'honneur personnel.
37. J'apprécie l'admiration des autres face à mes réussites.
38. J'exprime souvent ma colère en tournant en dérision les problèmes.
39. J'aime me sentir important pour les autres et qu'ils aient besoin de moi.
40. Quand j'ai la sensation que les autres me mettent la pression, ça peut me rendre très têtu et me faire adopter un comportement passif-agressif.

41. Je sais plaire et séduire assez facilement les autres, sans qu'ils ne m'intéressent vraiment pour autant.
42. Quand un problème complexe se pose, je préfère d'abord travailler dessus tout seul, et ensuite en parler avec les autres.
43. Je suis de nature très anxieuse et je suis souvent à la recherche de moyens d'assurer ma sécurité pour me sentir protégé.
44. J'ai une grande maîtrise de moi-même et je ressens le besoin de vivre de manière intègre selon des principes moraux.
45. Je ressens souvent le besoin d'avoir du contrôle sur mon environnement.
46. Beaucoup de personnes dépendent de mon aide et de ma générosité.
47. J'oscille émotionnellement entre les hauts et les bas, et je ne me sens pas très vivant quand je suis au milieu.
48. Je me perds souvent dans mes propres rêveries et fantaisies.
49. Je donne beaucoup et ça me motive quand on reconnait mes contributions.
50. Je me détache des sentiments pour éviter tout débordement émotionnel.
51. Il m'arrive de réprimer mes émotions personnelles pour atteindre un

maximum de performance et de résultats.

52. Je ressens naturellement ce qu'il manque aux autres, et j'éprouve l'envie de les combler.
53. Je pense souvent que mon travail n'est pas assez bien fait, même quand les autres me disent le contraire.
54. Je suis tenace face aux émotions négatives et je n'hésite pas à confronter les autres pour faire sortir les vérités.
55. J'ai beaucoup plus de difficultés à exprimer ce que je ressens qu'à partager mes théories, concepts et analyses.
56. J'ai comme un don pour présenter les choses de manières acceptables et convaincantes.
57. Quand j'ai du temps libre, je choisis souvent de l'utiliser pour aider les autres.
58. Je suis très vigilant et je prête continuellement attention à tout ce qui pourrait mal tourner.
59. Le sentiment d'injustice me pousse au conflit, et je peux rapidement virer à l'excès.
60. Je sacrifie souvent mes propres besoins pour m'occuper des autres.

61. J'ai tendance à rechercher et remarquer ce qu'il manque dans chaque expérience.
62. Je peux avoir du mal à m'arrêter de prêter attention aux détails à la recherche d'imperfections.
63. Je me mets souvent en retrait pour observer les autres plutôt que de m'impliquer.
64. Je suis très sensible et j'exprime régulièrement ma sensibilité à travers une activité artistique (écriture, peinture, etc.).
65. J'investis beaucoup de temps et d'efforts pour corriger mes fautes, quelles qu'elles soient.
66. Je cherche à m'amuser et je suis généralement très attiré par les nouvelles expériences.
67. J'ai du mal à faire des priorités et il m'arrive de faire les choses les plus importantes en dernier.
68. J'ai du mal avec les ambiguïtés dans les relations, j'ai besoin que les choses soient claires.
69. J'apprécie entretenir des routines agréables et confortables.
70. Je trouve de la beauté dans les choses les plus insolites.
71. Je suis bon pour reconnaître et prêter attention aux côtés positifs des

choses, même dans les situations difficiles.

72. Je relève les défis en étant extrêmement adaptable, j'adapte mon comportement pour répondre aux attentes et réussir.

Voici mon résultat :

- Je suis du type 7 = l'épicurien, l'aventurier

Vue d'ensemble

Les types 7 sont motivés par le besoin de vivre la vie pleinement et de s'amuser. Ils vivent la vie comme une aventure et planifient sans cesse de nouvelles expériences, pendant même qu'ils les vivent. Ils veulent souvent tester le maximum de choses qui puisse leur inspirer de l'intérêt positif, ils ne veulent rien rater de plaisant et d'agréable qui puisse leur être accessible. Ce sont des êtres extravertis, énergiques, créatifs, joueurs et optimistes avec beaucoup de sens de l'humour. Ils aiment partager leur bonne humeur et essaient souvent d'aider les plus sérieux à se détendre et rire davantage. Les 7 sont des êtres assez indépendants qui n'apprécient pas les restrictions, qu'on leur dise quoi faire, et ont besoin de liberté, de variété et d'options multiples dans leur travail, comme dans leur vie personnelle. Plutôt que de se révolter contre l'autorité, ils trouvent des moyens de la contourner. Avec le sourire et l'esprit vif, ils ont souvent le don d'éviter et de dissiper les conflits.

Compulsion d'évitement

Les types 7 cherchent à tout prix, et de manière souvent inconsciente, à éviter la souffrance. Ils font tout ce qu'ils peuvent pour éviter la tristesse, la douleur émotionnelle, la frustration, les limitations, les contraintes et l'ennui.

Centre d'attention et motivation

L'attention des types 7 est principalement portée sur la planification d'un avenir positif, la création de plans amusants et agréables, et le maintien de plusieurs possibilités. Ils veulent être heureux, tester de nombreuses choses, et deviennent nerveux quand ils n'ont qu'une chose à faire ou qu'une seule option de disponible. Ils sont motivés par les expériences amusantes et variées, ils veulent tester le plus de possibilités que la vie peut leur offrir et souhaitent rendre le monde plus agréable à vivre. Ils ont besoin d'être positifs et optimistes. Ils peuvent poursuivre des projets à l'improvisation et ont besoin de plans flexibles.

Vice et mécanisme de défense

Lorsqu'ils sont sous l'emprise de leur compulsion (éviter la souffrance), l'ego des types 7 les rend intempérés et gourmands : "Encore plus d'amusement, c'est mieux non?". Quel que soit le type de plaisir, ils en veulent plus et ne s'arrêtent pas avant d'en être exténués. Ils ont alors beaucoup de mal à résister si on leur propose quelque chose de plaisant. Leur mécanisme de défense est la rationalisation : Elle se traduit souvent par leur facilité à reformuler les choses en termes positifs. La rationalisation en tant que mécanisme de défense leur permet de se trouver de bonnes raisons de faire ce qu'ils veulent faire, et de voir les choses comme ils veulent les croire. Par exemple, si un 7 ne doit pas boire une certaine boisson pour des soucis de santé, il pourrait assez facilement se dire sous le coup de la tentation "Ça va, c'est juste un petit verre". Ainsi ils trouvent une justification qui leur évite de mauvais sentiments liés à leur comportement. Mais ça peut parfois les écarter de leurs véritables motivations.

En harmonie

Quand ils sont en harmonie avec eux-mêmes et gèrent leur compulsion, les types 7 sont positifs, imaginatifs, joueurs, humoristiques, curieux, joyeux, très énergiques, serviables, humanitaires, spontanés et créatifs. Ils sont en conforts lorsqu'ils ont de quoi satisfaire leur recherche de plaisir et se sentent libres. Alors ils tendent vers leur type d'intégration (le type 5) et les traits positifs de ce dernier s'ajoutent à leur comportement. Ainsi ils deviennent plus analytiques, autonomes, concentrés, observateurs et attentifs aux détails.

En déséquilibre

Sous l'emprise de leur compulsion, les types 7 peuvent devenir évasifs, égocentriques, désengagés, compulsifs, erratiques, agités et indifférents aux sentiments des autres. Si la situation ne s'arrange pas, ils tendent vers leur type de désintégration (le type 1) et les traits négatifs de ce dernier s'ajoutent à leur comportement. Ils peuvent ainsi devenir plus autoritaires, rigides, critiques, difficiles et exigeants.

Ailes

Les types voisins du types 7 sont les types 6 et 8. On appelle "aile" du type ("wing" en anglais), le type voisin qui semble avoir le plus d'influence sur le type de base.

Les 7 et 6 sont plus responsables, relationnels et coopératifs, mais peuvent aussi être plus anxieux et fragiles.

Les 7 et 8 sont plus indépendants, déterminés et confiants, mais peuvent aussi être plus excessifs et matérialistes.

Voici les différents types mentionnés par l'ennéagramme :

1. Le type éthique

Perfectionniste, l'éthique a besoin d'être en accord constant avec des principes qu'il juge bons pour le plus grand nombre. Son principal défaut est la colère, mais il est particulièrement doué, niveau compulsion, pour éviter celle-ci, même ses aspects utiles. Sa quête personnelle? Apprendre à être indulgent et patient envers lui-même et les autres.

2. Le type altruiste

Tourné vers les autres, le type 2 est débordant de bienveillance. Au point parfois de s'oublier en chemin : sa compulsion à lui, c'est de ne pas prendre en compte ses propres besoins. Très sensible à la reconnaissance de ses pairs et plutôt bien au fait de ses qualités, l'altruiste peut être orgueilleux. Pour contrer cela, sa mission serait de découvrir les joies de l'humilité.

3. Le type caméléon

Capable de s'adapter rapidement en toute situation, le type caméléon est à l'aise en société. Derrière son ambition et son sens de la compétition peut se cacher une fuite compulsive de l'échec. Opportuniste, il pourrait alors se laisser glisser vers le mensonge. Le défi de vie du caméléon va alors être de rester authentique sous ses divers déguisements.

4. L'artiste

Mené par sa sensibilité, le profil de l'artiste déteste la routine. Il cherche le beau et l'extraordinaire partout où il va. Il peut vite se retrouver à éviter la banalité par-dessus tout. Son côté obscur ? L'excès d'envie : du beau, du différent, du mieux. S'il parvient à la dépasser, il pourra accéder à son credo : « Il en faut peu pour être heureux. »

5. Le type observateur

En retrait, l'observateur cherche à comprendre ce qui l'entoure. Il décortique et analyse les moindres détails, ce qui peut devenir une manière d'éviter de se retrouver seul avec ses pensées. La méditation, c'est son Enfer sur terre. Si ce type avait un penchant pour l'avarice, sa quête se trouverait justement du côté du partage : celui de ses savoirs.

6. Le type loyal

Comme l'éthique, le profil est mu par son sens moral. Mais ici il s'agit de ce qu'il estime bon pour lui et ses proches plutôt qu'en général. Sa peur ? Celle de trahir ou se trahir. Le loyal vous suivra jusqu'au bout du monde... s'il ne cède pas à cette fameuse peur. Son défi ? Faire preuve de courage pour rendre justice à son extrême loyauté.

7. Le type épicurien

Toute la vie de l'épicurien est tournée vers le désir, l'envie, l'envie d'avoir envie. Optimiste, sociable et enjoué, le type 7 n'est pourtant pas qu'un kiffeur : il planifie les choses pour en profiter au maximum. À cause de sa tendance systématique à fuir toute contrainte et inconfort, il peut être excessif. Sa quête de vie serait alors celle de l'équilibre

8. Le type meneur

Indépendants, ceux qui ont une majorité de type 8 adorent le contrôle. Ce sont des êtres d'action qui prennent des initiatives au quotidien pour leurs intérêts comme celui des autres. S'ils ont tendance à verser dans l'excès, leur stratégie d'évitement tend à fuir.la vulnérabilité. Leur plus grand défi : mettre leurs mille projets en pause pour plus de simplicité.

9. Le type pacificateur

Posé et réfléchi, le type 9 représente une figure de médiateur. S'il aime le confort et mettre les autres à l'aise, il évite comme la peste les situations de conflit. Cette tendance à avoir du mal à s'affirmer peut le conduire à l'inaction ou la paresse : ce qui serait sa «

passion ». C'est pourquoi sa quête est celle du passage à l'action, entre deux calumets de la paix.

Le site propose ensuite un onglet de compatibilité entre les différents types, avec un paragraphe sur l'attraction et les points sur lesquels on devrait faire attention.

1-1	1-2	1-3	1-4	1-5	1-6	1-7	1-8	1-9
2-1	2-2	2-3	2-4	2-5	2-6	2-7	2-8	2-9
3-1	3-2	3-3	3-4	3-5	3-6	3-7	3-8	3-9
4-1	4-2	4-3	4-4	4-5	4-6	4-7	4-8	4-9
5-1	5-2	5-3	5-4	5-5	5-6	5-7	5-8	5-9
6-1	6-2	6-3	6-4	6-5	6-6	6-7	6-8	6-9

Il existe des livres sur l'ennéagramme :

- « *L'Ennéagramme* » de **Helen Palmer** – comprendre les 9 catégories de personnalité.
- « *L'ennéagramme au travail et en amour* » de **Helen Palmer** – mieux comprendre les points forts et les points faibles de nos relations avec les autres.
- « **La sagesse de l'Ennéagramme** » de **Don Richard Riso** et **Russ Hudson** – le guide complet de développement psychologique et spirituel pour les 9 types de personnalité.

- « *Les clés de l'Ennéagramme : les sous-types* » de **Eric Salmon**- prendre conscience de ses automatismes et retrouver l'essence de soi-même.

En conclusion

En fonction de nos résultats, il n'y a aucun complexe à avoir. Aucun ennéatype n'est meilleur qu'un autre. Il reflète qui on est à un instant T, et on change tout au long de sa vie !

8. Le test de personnalité de la boussole

Le test de la Boussole est un test de personnalité basé sur les recherches en neurosciences ainsi que sur la mécanique de l'esprit décrite dans les travaux du célèbre psychologue **Carl Gustav Jung**. A travers ses questions, il analyse ainsi les dimensions conscientes et inconscientes de notre psychologie. Ce test est à la base un modèle neuropsychologique.

Ce test est proposé pour des équipes, pour renforcer la cohésion. Ne dit-on qu'avant de bien connaître les autres, il faut se connaître soi-même !
Ce test de la Boussole aide à trouver le métier pour lequel on est fait, celui qui correspond le mieux à chaque personnalité, à ses envies ou à ses aspirations.

C'est un test de personnalité entre la quête de l'Ikigaï et la recherche effrénée du bonheur au travail. Pour trouver un métier dans lequel on peut s'épanouir, il faut d'abord connaître ses talents et ses valeurs. Ce test basé sur des recherches en neurosciences analyse els dimensions conscientes et inconscientes de notre psychologie. L'approche neurophilosophique permet de révéler son aptitude innée, celle que 94% de la population n'a pas.
Cette aptitude innée est le noyau à partir duquel vous devriez construire votre carrière et vous former aux métiers de demain.

Le véritable but de ce test de la Boussole est de s'ouvrir aux possibilités, de voir de quoi on est capable.

Ce test propose **128 questions** pour découvrir vos talents et votre style de management éventuellement. Pour obtenir des résultats fiables, il est recommandé de répondre aux questions dans un contexte de vie personnelle avec le plus de spontanéité possible.

Les réponses vont de :
jamais/rarement/parfois/souvent/toujours.
Comme les autres tests, je vous conseille de le faire en ligne pour savoir exactement quel est votre profil.

1. J'exprime clairement mes objectifs.
2. Je dis les choses de façon franche.
3. Je fais les choses de façon consciencieuse.
4. J'observe le monde avec curiosité.
5. Je recherche des résultats concrets.
6. J'apprécie la profondeur des échanges avec les autres.
7. Je suis impitoyable envers la concurrence.
8. Je m'organise pour être efficace.
9. Je communique mon énergie.
10. Je suis inventif et j'ai beaucoup d'idées.
11. Je me méfie des personnes approximatives.
12. Je cherche des choses nouvelles.
13. J'utilise en priorité les recettes du passé qui ont déjà marché.
14. J'aime que l'on remarque mes efforts.
15. Je suis à l'aise en situation de danger.

16. Je prends le temps d'analyser les choses en profondeur.
17. J'utilise mon charme pour convaincre les gens.
18. Je motive et j'entraîne mon entourage.
19. Je suis d'un naturel calme et rassurant.
20. Je me plais à rêver et à imaginer les choses.
21. J'entre spontanément en action.
22. Je préfère esquiver un conflit plutôt que de l'affronter.
23. Je m'intéresse aux causes profondes.
24. Je veux avoir raison et j'en apporte la preuve.
25. J'ai besoin de mes habitudes pour me ressourcer.
26. Je suscite spontanément la confiance chez les autres.
27. Je passe beaucoup de temps à développer mes idées.
28. Je ne sais pas trop quoi faire de mes sentiments.
29. Je favorise la qualité de mes amitiés à leur quantité.
30. Je sais tourner les situations à mon avantage.
31. Je fuis le train-train quotidien.
32. Je ressens facilement les sentiments des autres.
33. Je fais preuve de détermination dans mes projets.
34. Je vérifie les moindres détails avant de me lancer dans une situation nouvelle.
35. Je suis prêt à changer pour améliorer les choses.

36. Je suis sensible à la critique mais je ne le montre pas.
37. Je prends soin de mon apparence.
38. J'écoute avec calme et bienveillance les autres.
39. Je sais ce que je veux.
40. Je recherche l'aventure et les défis.
41. Je travaille avec précision.
42. J'écoute ce que je ressens à l'intérieur.
43. Je suis dur envers moi-même quand je fais des erreurs.
44. Je suis à l'aise avec l'incertitude.
45. Je persévère et je travaille sans discontinuer pour terminer ma tâche.
46. Je me conforme scrupuleusement aux règles.
47. J'aime utiliser ma capacité à influencer les autres.
48. Je ne fais que ce que j'aime.
49. J'accorde difficilement ma confiance car elle doit se gagner.
50. Je préfère avoir une vie calme et sans surprises.
51. Je fais respecter la hiérarchie.
52. Je ne sais pas trop comment concrétiser mes idées.
53. Je dis facilement ce que je ressens.
54. Je fais preuve de patience dans les tâches répétitives.
55. J'entre en conflit si on me cherche.
56. Je prends spontanément les devants.
57. Je fais preuve d'autorité afin d'être obéi.

58. Je suis minutieusement les normes et les processus.
59. Je suis facilement distrait.
60. Je suis mal à l'aise face aux jugements des autres.
61. Je trouve toujours des astuces pour tirer mon épingle du jeu.
62. J'agis avant de réfléchir.
63. Je me dévoue pour mener les actions à terme.
64. Je déteste le désordre.
65. J'encourage les autres avec enthousiasme.
66. J'étudie en profondeur les sujets originaux.
67. Je réfléchis en même temps que je parle.
68. Je profite des plaisirs de la vie.
69. J'abandonne vite une idée pour une autre.
70. J'ai des excès d'émotions quand je ne suis pas satisfait.
71. Je pèse prudemment les plus et les moins pour choisir.
72. Je me montre sympathique quelle que soit la situation.
73. Je préfère mener des projets innovants.
74. Je suis suspicieux envers autrui.
75. Je gère bien les problèmes pratico-pratiques.
76. Je détecte les moindres incohérences dans une explication.
77. J'aime apprendre de nouvelles choses.
78. Je réagis au quart de tour quand je n'aime pas quelque chose.
79. Je me donne du temps pour approfondir ma réflexion.
80. Je partage mes nouvelles aspirations.

81. Je dirige ma vie.
82. Je me satisfais du nécessaire.
83. Je n'aime pas qu'on m'impose des choses.
84. J'accorde une grande importance à mes idéaux.
85. Je prends des décisions fermes.
86. Je me concentre sur les détails.
87. Je change de projet dès que j'en ai fait le tour.
88. Je suis indifférent aux choses superficielles.
89. Je suis droit dans mes bottes.
90. J'aime optimiser les choses.
91. Je me montre cash quand les choses ne me plaisent pas.
92. Je comprends la structure des théories.
93. J'évite de provoquer les autres.
94. J'apprécie les choses raffinées.
95. Je prends soin de mon image.
96. Je me plonge dans des univers artistiques.
97. Je suis attentif à la cohérence de mes idées.
98. Je m'attache aux biens matériels.
99. Je garde mes intuitions pour moi.
100. Je trouve mon énergie dans le collectif.
101. Je me fie à ma justesse intérieure.
102. Je suis les modes et les tendances.
103. Je fais preuve de loyauté.
104. Je m'en remets uniquement aux faits.
105. Je m'évade dans mes rêves.
106. Je contrôle que les objectifs soient tenus.
107. Je cherche à rassembler les gens.
108. Je laisse les choses se faire.

109. J'imagine les tendances à venir.
110. Je m'impatiente quand il faut attendre les autres.
111. Je suis modéré dans mes réactions.
112. J'accorde de l'importance aux émotions dans mes relations.
113. Je me questionne sur mes motivations profondes.
114. Je supporte mal les incompétences.
115. J'attache de l'importance aux faits concrets.
116. Je suis passionné par mes sujets.
117. Je vois facilement le champ des possibles.
118. Je préfère faire moi-même que de déléguer.
119. Je prends du plaisir à terminer mes tâches.
120. Je suis à l'écoute de mes valeurs.
121. Je m'inspire des nouvelles tendances.
122. Je cherche la perfection.
123. Je perçois la richesse intérieure des autres.
124. J'accepte les aléas extérieurs.
125. Je m'enthousiasme des nouvelles opportunités.
126. Je respecte les traditions.
127. Je fourmille d'idées nouvelles.
128. Je regarde la concurrence.

Voici les résultats :

A l'issue des questions, le **test de la Boussole** donne des informations sur vos forces à partir de cartes.

1. **Son talent d'or = je suis organisée, bosseuse et déterminée.**

   - Le talent d'or précise si on est un organisateur hors pair ou pas.
   - Ce qu'on fait mieux que le reste de la population.

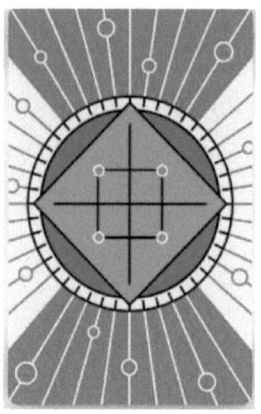

2. **La position clé dans les projets :**

- Cette carte précise si on est fiable.
- Si peut prétendre à des postes à responsabilités.
- Notre talent remarquable.

3. **Son style de communication :**

- La carte précise les faits.
- Si on est efficace dans sa communication.

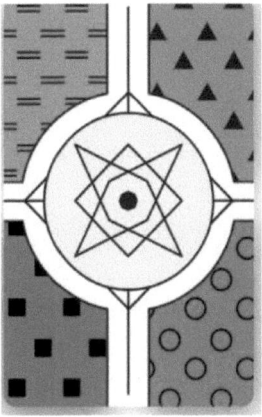

4. **Son type de management :**

- Comment on prend soin des détails.
- Si on est un leader fiable.
- Si on s'entoure bien.

5. Le talent de Laurence : le travail efficace.

- Cette carte décrit ses zones d'excellence, notamment sur la gestion.
- Si on pense aux détails ou pas.
- La carte évalue le meilleur de soi.

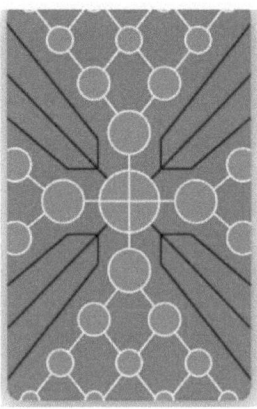

6. Les autres cartes concernent les équipes en entreprise et on ne peut pas les déverrouiller gratuitement pour un utilisateur particulier comme moi.

Beaucoup de gens n'ont pas la chance de pouvoir dire qu'ils ou elles aiment leur activité professionnelle, qu'ils ou elles pratiquent au quotidien. Pourtant, même s'il est vrai qu'il n'est pas toujours évident d'atteindre in accomplissement total professionnel et personnel, il est clairement important d'aimer son travail. C'est dans l'air du temps, de plus en plus et c'est normal.

Le test de la Boussole est idéal pour mettre des mots sur vos talents naturels et cerner un peu plus le genre de métier pour lequel vous seriez vraiment fait. Très intéressant si vous envisagez une reconversion professionnelle.

En conclusion

Le test de la Boussole vous mettra en ligne avec vos passions et vos valeurs profondes. Il est fort intéressant de connaître votre talent d'or et vos principaux points forts. Peut-être ne connaissez-vous pas encore bien toutes les facettes de votre personnalité ?

9. Le test de Rorschach

Le **test de Rorschach** est un outil d'évaluation psychologique de type projectif, élaboré par le psychiatre **Hermann Rorschach** en 1921.
Ce test consiste en une série de planches graphiques présentant des taches symétriques a priori non figuratives, proposées à la libre interprétation de la personne évaluée. Cela correspond à des formes de taches d'encre.
A l'issue du test, il s'agit de découvrir qui on est vraiment, à travers l'interprétation des motifs et autres taches d'encre.

Voici des exemples de formes et de taches :

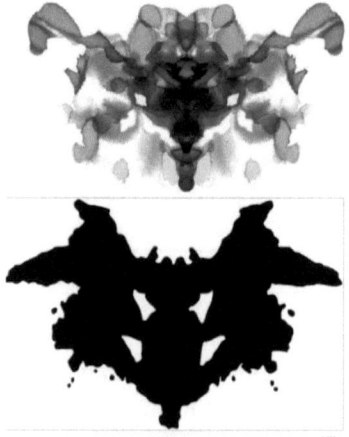

1. **Que vois-je dans la forme suivante ?**

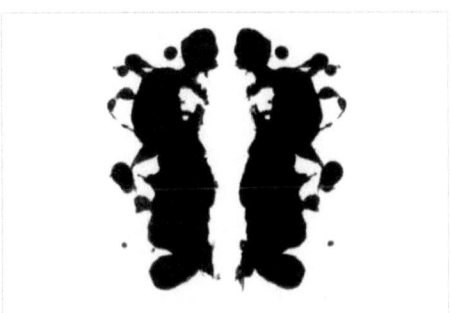

- Deux vieilles femmes bossues
- Des poumons
- Une femme portant une longue robe fourreau
- Deux voyageurs avec un sac-à-dos
- Une chenille

2. **Que vois-je dans cette forme ?**
3.

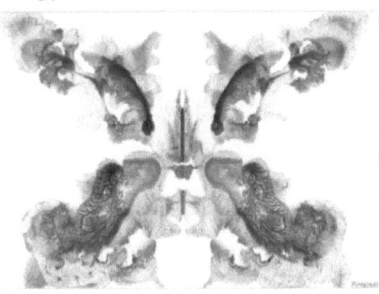

- Un papillon
- Un fossile

- Une fleur exotique
- Un coléoptère
- L'infini

4. **Comment je me sens à la vision de l'image suivante ?**

- Comme ivre
- Agité
- Détendu
- Je ne sens rien
- Excité

5. **Que vois-je dans cette forme ?**

- Un verre à vin
- Deux hommes

6. Que voyez-vous dans cette forme ?

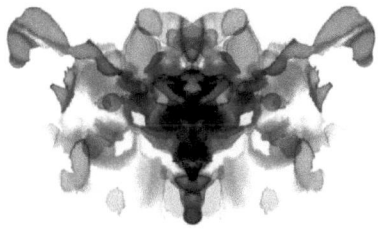

- Un crabe
- Une araignée
- Une tête de bélier
- Un volant de moto
- Un vaisseau spatial
- Des nuages dans le ciel

7. Y-a-t-il un mouvement ?

- Oui
- Non

8. Combien de cercles voyez-vous ?

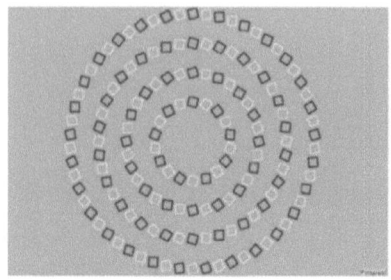

- Aucun
- Ça me fait mal aux yeux
- 4 cercles
- 5 cercles

9. Que voyez-vous dans cette tache ?

- Un oiseau
- Un masque vénitien
- Une femme avec un collier ethnique

- Des pieds
- Un cœur
- Un éléphant

10. D'un rapide coup d'œil, que vois-je ?

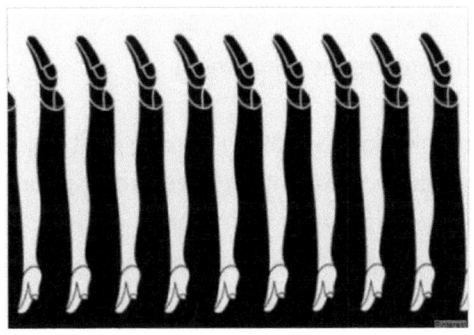

- Grossièrement, des rayures en noir et blanc
- Des jambes de femme
- Des jambes d'homme

11. Que vois-je dans cette forme ?

- Des poumons de fumeur
- Une forêt sombre avec une allée
- Deux sorcières

- Les yeux d'un insecte
- Une moule ouverte

Résultat de mon test : je suis dangereusement intelligente !

Voici le commentaire me concernant :

Le génie de la physique Stephen Hawking peut reposer en paix, car avec votre intelligence, vous pourriez prendre la relève ! Vous comprenez toujours les choses essentielles très rapidement et aucun détail ne vous échappe. Vos amis vous demandent toujours conseil parce que vous avez la plupart du temps les réponses les plus sensées.

J'avoue sincèrement que ce portrait me correspond diablement bien !

Les psychologues utilisent ce test des taches d'encre de Rorschach pour examiner les caractéristiques de la personnalité et du fonctionnement émotionnel du candidat au test. Le test est souvent utilisé pour détecter les schémas de pensée sous-jacents et différencier les dispositions psychotiques des dispositions non psychotiques dans la pensée d'une personne. Le Test des taches d'encre de Rorschach est également utilisé dans les affaires médico-légales et de détention, ainsi que pour évaluer le degré général d'adaptation d'une personne à la société.

Seul un psychologue peut réellement interpréter ce qu'on voit sur les images. Car l'utilisation de ce test par un professionnel passe d'abord par une phase libre où vous livrez ce que vous voyez, puis par une enquête plus poussée durant laquelle il va vous demander de préciser sur certaines images les détails de la scène. De plus, il va prendre en compte le temps de réponse face à chaque image, les associations d'idées, etc.

En conclusion

Le test de Rorschach est certainement le test de personnalité le plus connu au monde. Il permet d'interpréter librement le subconscient. Aux Etats-Unis, c'est l'un des tests médico-légaux les plus utilisés après le test de personnalité MMPI-2.

10. Répondre à des questions

Répondre à de multiples questions, sans attendre le résultat à la fin, est très intéressant pour mieux se connaître. Vous prenez le temps de réfléchir à la réponse possible, en choisissant vos mots. Mine de rien, en vous posant, vous allez réfléchir sur vous-même et peut-être, ensuite, vous rendre compte des changements ou modifications à opérer dans votre vie personnelle et professionnelle.

Vous prendrez un cahier ou un carnet dans lequel vous noterez scrupuleusement vos réponses. C'est très important de prendre le temps de formuler, de réfléchir, ce qu'on fait trop rarement !

Il est fort possible que certaines émotions surgissent en répondant à certaines questions. Laissez les émotions venir, accueillez-les simplement sans vous juger.

Voici les 80 questions que j'ai déjà posées à travers mes articles de blog, **LA PLUME DE LAURENCE :**

1. Que lisez-vous en ce moment ?
2. Quel est le meilleur moment de la journée pour vous ?
3. Quelle est votre émotion persistante dans votre vie quotidienne ?
4. Qu'attendez-vous avec impatience ?
5. De quoi auriez-vous le plus besoin ?
6. Quel est votre accessoire préféré ?
7. Qu'est-ce qui fait que vous êtes-vous ?

8. Quel est le mouvement artistique qui vous décrirait le mieux ?
9. Comment décririez-vous votre « chez-vous » ?
10. Que voudriez-vous oublier ?
11. Qui voudriez-vous être ?
12. Aujourd'hui, qu'est-ce qui vous empêche le plus d'avancer ?
13. Quelle est la chose la plus folle que vous ayez faite par amour ?
14. Pensez-vous que les gens puissent évoluer ?
15. Auprès de qui faites-vous illusion ?
16. Qu'est-ce qui vous vient à l'esprit quand vous pensez à la peur ?
17. Si vous deviez créer votre entreprise, quel serait son objet ?
18. Qu'aimeriez-vous demander à votre mère ?
19. A votre père ?
20. Si vous disposiez d'une heure de plus dans la journée, qu'en feriez-vous ?
21. Quel personnage célèbre aimeriez-vous interviewer ?
22. Quelle célébrité aimeriez-vous ressusciter afin de dîner avec elle ?
23. L'espace d'une journée, à la place de qui voudriez-vous être ?
24. Si demain vous pouviez partir n'importe où, où iriez-vous ?
25. Si vous n'aviez aucune contrainte, que feriez-vous de votre journée ?
26. Comment définiriez-vous votre spiritualité ?
27. Comment puisez-vous votre énergie ?
28. Comment prenez-vous des décisions ?

29. De quelle manière vous lancez-vous dans l'action ?
30. Qu'est-ce qui est le plus important dans la vie ?
31. Qu'est-ce qui vous motive dans la vie ?
32. Que recherchez-vous ?
33. Qu'attendez-vous de votre métier actuel ?
34. Qu'attendez-vous de votre vie sociale actuelle ?
35. Quel rêve avez-vous en ce moment ?
36. Quels buts avez-vous actuellement dans la vie ?
37. Quel est votre centre d'intérêt principal ?
38. Que feriez-vous si vous étiez milliardaire ?
39. De quoi avez-vous peur ?
40. Qu'est-ce qui vous rend heureux ?
41. Qui serez-vous dans 5 ans?
42. Quels sont vos obstacles pour avancer dans la vie?
43. Etes-vous heureux dans votre travail?
44. Etes-vous satisfait de votre vie en général?
45. Quel est votre état d'esprit en ce moment?
46. Avez-vous envie de changer de vie?
47. Qu'est-ce qui fait du sens pour vous?
48. Pourquoi vous faites ce que vous faites?
49. Avez-vous confiance en vous?
50. Avez-vous le sentiment de progresser?
51. Etes-vous heureux dans votre vie?
52. Que faudrait-il que vous fassiez pour vous sentir mieux? Au travail? Dans votre vie?
53. Vous sentez-vous capable d'évoluer? De changer votre personnalité? De travail?

54. Inspirez-vous les autres?
55. Vous sentez-vous capable de rebondir?
56. Vous plaignez-vous ? Sur quoi ? Pourquoi?
57. Avez-vous des idées ou des stratégies pour aller mieux? Pour changer de vie? Pour changer de travail?
58. Quelle serait votre première action pour évoluer ou changer?
59. Vous sentez-vous capable de vous engager dans une formation? Dans un programme de coaching?
60. Quel sens donnez-vous au mot 'réussite'?
61. Quels talents vous reconnaissez-vous?
62. Quels sont vos obstacles dans le domaine que vous voulez améliorer?
63. Quelle est votre vision de l'idéal de vie?
64. Comment pourriez-vous surmonter vos peurs?
65. Vous sentez-vous libre de vos choix?
66. Vous sentez-vous libre tout court?
67. Reconnaissez-vous vos erreurs?
68. Est-ce que certains de vos comportements vous nuisent ou nuisent aux autres?
69. Etes-vous trop exigeant envers vous-même? Envers les autres?
70. Est-ce que vous vous préoccupez de ce que les autres pensent de vous au point de vous sentir gêné ou en colère?
71. Est-ce que vos attitudes suscitent des réactions désagréables de la part des autres?
72. Est-ce que vous faites tourner les événements autour de votre personne?

73. Est-ce que vos réactions sont disproportionnées par rapport aux événements?
74. Est-ce que vous supportez la solitude?
75. Est-ce que vous supportez de ne pas obtenir tout ce que vous voulez?
76. Est-ce vous admettez que les gens adoptent des valeurs ou des croyances différentes de vous et voient les choses d'une autre manière que vous?
77. Est-ce que des réactions inappropriées à des situations difficiles sont devenues des habitudes chez vous?
78. Est-ce que vous avez tendance à vous affirmer contre les autres?
79. Est-ce que vos idéaux et ce que vous croyez devoir faire sont en correspondance bien ensemble?
80. Que pourrais-je faire pour sortir de ma zone de confort ?

Conclusion

Pour mieux se connaître, il faut aller dans les profondeurs de soi. Il est rare qu'on prenne le temps d'aller au fond de ses idées et de ses idéaux. Cela prend du temps, exige de la disponibilité, de ne pas tricher avec soi-même.

11. Test bonus : le questionnaire de Pivot

Bernard Pivot est un journaliste et un écrivain, né à Lyon en 1935. Il est bien connu de certaines et de certains sur la télévision française, grâce à son émission « Apostrophes », de 1975 à 1990, après 724 numéros. Puis, il a présenté « Bouillon de culture » de 1991 à 2001. En 1985, Bernard Pivot a créé les Championnats de France d'orthographe, puis les Championnats du monde d'orthographe, jusqu'en 2005. En 2014, il est élu à l'Académie Goncourt jusqu'en 2019. En un mot, cet homme est probablement le journaliste littéraire le plus connu en France. C'est un passionné de la langue française. Il a notamment écrit :

- *« Les dictées »*
- *« Mais la vie continue »*
- *« Lire »*
- *« Les mots de ma vie »*
- *« La mémoire n'en fait qu'à sa tête »*
- *« Dictionnaire amoureux du Vin »*
- *« 100 expressions à sauver »*
- *« Au secours ! Les mots m'ont mangé »*
- *« Les tweets sont des chats »*
- Etc.

Bernard Pivot, dans ses émissions, aimait poser les mêmes questions à ses invités, toujours dans le même ordre. Ce questionnaire peut aussi être utilisé pour interroger les personnages importants de votre roman, si vous en écrivez un. Ils peuvent vous dire quelque chose que vous ne savez pas déjà.

Voici les 10 questions :

1. Votre mot préféré ?
2. Le mot que vous détestez ?
3. Votre drogue favorite ?
4. Le son, le bruit que vous aimez ?
5. Le son, le bruit que vous détestez ?
6. Votre juron, gros mot ou blasphème favori ?
7. Homme ou femme pour illustrer un nouveau billet de banque ?
8. Le métier que vous n'auriez pas aimé faire ?
9. La plante, l'arbre ou l'animal dans lequel vous aimeriez être réincarné ?
10. Si Dieu existe, qu'aimeriez-vous, après votre mort, l'entendre vous dire ?

Vous aurez forcément remarqué que le questionnaire de Pivot est directement inspiré de celui de Proust. Ce questionnaire est également devenu célèbre aux Etats-Unis, grâce à James Lipton avec son émission « Inside the Actor's Studio ».

Voici les réponses de **Bernard Pivot** à son propre questionnaire :

Questions	Réponses de Bernard Pivot
Votre mot préféré ?	Aujourd'hui.
Le mot que vous détestez ?	Un mauvais sentiment, décrit par un mauvais mot : "Concupiscence".
Votre drogue favorite ?	La lecture des journaux en général, et de *L'Équipe*, en particulier.
Le son, le bruit que vous aimez ?	Le son très discret des pages que je tourne en lisant un livre, ou le son aussi discret du stylo sur la feuille.
Le son, le bruit que vous détestez ?	
Votre juron, gros mot ou blasphème favori ?	Oh, Putain ! Oh, Putain ! Oh, Putain ! (Toujours trois fois.)
Homme ou femme pour illustrer un nouveau billet de banque ?	Michel Bouquet dans *L'Avare* de Molière.
Le métier que vous n'auriez pas aimé faire ?	Président de France Télévision ou directeur d'une chaîne du service public.
La plante, l'arbre ou l'animal dans lequel vous aimeriez être réincarné ?	J'aimerais bien être réincarné dans un cep de la Romanée-Conti.
Si Dieu existe, qu'aimeriez-vous, après votre mort, l'entendre vous dire ?	- Alors Mr Pivot... (Oui parce que Dieu a d'abord parlé latin, hébreu, arabe, puis après il a parlé français. Maintenant il parle anglais, évidemment. Oui, donc...) - Alors Mr Pivot how do you do? - Euh... Pas terrible... je... euh... I am sorry my God but I don't speak English. - Ah ! Mais, c'est vrai, vous ne parlez pas anglais. Eh bien, vous avez toute l'éternité devant vous pour apprendre l'anglais. Et je vais vous donner un très bon professeur. S'il vous plaît, allez me chercher Sir William. Shakespeare of course!

Voici mes réponses aux 10 questions :

Mon mot préféré ?	Écrire
Le mot que je déteste ?	Haine, racisme
Ma drogue favorite ?	Les livres
Le son, le bruit que j'aime ?	Le chant des oiseaux
Le son, le bruit que je déteste ?	Le bruit des travaux, des engins de chantier

Mon juron, gros mot ou blasphème favori ?	Putain, avec une pointe d'accent charentais
Homme ou femme pour illustrer un nouveau billet de banque ?	Simone Veil sans aucune commune mesure
Le métier que je n'aurais pas aimé faire ?	Travailler avec les chiffres
La plante, l'arbre ou l'animal dans lequel j'aimerais être réincarné ?	Un chien
Si Dieu existe, ce que j'aimerais l'entendre me dire après ma mort ?	J'ai besoin de cours d'anglais !

12. Conclusion

Ces 10 tests de personnalité sont de bons indicateurs pour guider vos décisions lors de changements de vie ou lors de recrutements professionnels. Ils permettent de mieux cerner la personnalité de chacune et de chacun. Ils mettent en lumière certains traits de personnalité, ce dont nous n'avons pas forcément conscience au quotidien.

Vous pouvez ne pas être d'accord avec ce genre de pratique. Vous avez entièrement raison. Avant l'arrivée d'Internet, les tests de personnalités étaient rarement utilisés par d'autres spécialistes que des psychologues en raison des efforts importants requis pour corriger ces tests à la main.
De nos jours, il existe un foisonnement de tests utilisés dans des contextes de sélection professionnelle. Simples, ces solutions sont souvent perçues comme complémentaires aux outils de sélection traditionnels.

Les tests de personnalité mesurent en fait comment un individu diffère de la moyenne, mais ils ne peuvent pas prédire comment la personne s'adaptera à un contexte spécifique. Les tests permettent de décrire les tendances générales d'une personne.

Mes conseils pour bien utiliser les tests de personnalité

Les tests de personnalité peuvent avoir leur utilité, que ce soit dans un contexte personnel ou professionnel. Ils peuvent permettre, par exemple, de détecter les caractéristiques générales d'une personne recrutée pour un poste précis et qui seraient passées inaperçues au moment de l'entrevue d'embauche.

Il est nécessaire de considérer les tests de personnalité comme un outil secondaire. Il ne faut en aucun cas surinterpréter les conclusions de n'importe quel test. Il n'y a aucun jugement à tirer à l'issue de chacun des 10 tests que je vous ai proposés. Ces tests ont leurs limites, comme tout outil. Ils peuvent ajouter des informations sur soi ou sur une personne. Tout n'est pas à prendre au pied de la lettre. La personnalité d'un être humain est complexe à définir. Ces tests existent pour aider à mieux se définir.

Il est quand même à noter que le marché des tests de personnalité s'accroit. Les tests de personnalité sont déjà bien installés dans le processus de recrutement de nombreuses entreprises.

Les « soft skills » ou « compétences douces »

Rappelons-nous que les tests de personnalité informent sur les « soft skills », c'est-à-dire les compétences comportementales, transversales et humaines. C'est le contraire des « hard skills » qui concernent les compétences techniques.

Ces soft skills prennent de plus en plus d'importance dans le domaine des ressources humaines et du management. Ce sont les compétences personnelles et sociales, orientées vers les interactions humaines. Elles font appel à l'intelligence émotionnelle et jouent un rôle clé dans l'épanouissement d'une personne au sein de son environnement. Elles sont reliées entre elles et peuvent s'acquérir.

Voici les 15 soft skills principales. A partir de cette liste, vous pourrez identifier celles qui vous correspondent, en réfléchissant à vos pratiques et en interrogeant les membres de votre entourage familial, amical ou professionnel sur celles qu'ils vous reconnaissent spontanément.

1. **La curiosité**
   Elle permet à la fois d'apprendre de nouvelles choses, mais aussi d'apprendre des autres et de soi.

2. **L'empathie**
   Très liée à l'intelligence émotionnelle, l'empathie est le fait de comprendre la réalité de l'autre.

3. **L'audace**
   C'est la capacité à oser, à proposer des idées nouvelles.

4. **Le sens du collectif**
   « Seul, on va plus vite, mais ensemble on va plus loin » dit un proverbe africain.

5. **La créativité**
   Il s'agit surtout d'établir des connexions entre les choses, les idées et les gens.

6. **L'intelligence émotionnelle**
   L'intelligence émotionnelle, ou la gestion des émotions, part du postulat qu'il est possible de prendre du recul et d'identifier ses émotions ainsi que celles des autres afin de ne plus les subir.

7. **La gestion du temps**
   C'est un des gros problèmes de notre époque : le temps. Il est donc indispensable de ne pas multiplier les tâches et d'identifier les éléments qui font perdre du temps. Comme le téléphone portable ou les réseaux sociaux, par exemple !

8. **La confiance**
   C'est à la fois la confiance en soi, la confiance dans les autres et la confiance en l'avenir.

9. **La présence**
   Nous passons beaucoup de temps perdus dans nos pensées, mais il faut savoir être présent physiquement et mentalement.

10. La gestion du stress

Il n'y a pas de bon stress, sauf si celui-ci est ponctuel. Le stress requiert de l'énergie et c'est fatigant, physiquement et mentalement. En cas de stress avéré, le cerveau a plus de difficultés à prendre des décisions, de bonnes décisions.

11. La motivation

Il est indispensable de trouver à la fois de la motivation, mais aussi d'en procurer aux autres, en s'entraînant à donner un sens à ce que l'on fait.

12. La vision, la visualisation

C'est la capacité à voir le chemin pour atteindre un objectif dans sa vie personnelle ou professionnelle.

13. La résolution des problèmes

Dans un contexte de changement personnel ou professionnel, c'est notre capacité à s'orienter vers une solution plutôt qu'une autre, en vue d'améliorer la situation.

14. L'esprit d'entreprise

C'est entrer dans une dynamique positive qui favorise les solutions. Cet esprit entrepreneurial implique d'être proactif et audacieux.

15. La communication
Pour faire passer un bon message, il est nécessaire d'être précis, concis et clair.

Vous l'aurez compris, les soft skills recouvrent une large galaxie de concepts différents : ce sont des aptitudes, des qualités, mais aussi des compétences liées à la personnalité de chacune et de chacun.
Les soft skills sont des compétences transversales. Elles peuvent s'apprendre et se développer : c'est la bonne nouvelle ! Ce sont des compétences indispensables, à l'heure où notre monde se transforme à un rythme de plus en plus soutenu.
La plupart des métiers, propulsés par les nouvelles technologies, évoluent sans cesse. Les soft skills apparaissent alors comme indispensables. Elles sont des réponses pour mieux s'adapter aux mutations de notre environnement, du travail pour mieux épouser le progrès.

Nous sommes tous d'accord sur le fait que la numérisation de nos vies personnelles et professionnelles, ainsi que l'arrivée de l'intelligence artificielle, ont bousculé notre manière d'envisager la vie et notre manière de travailler. Les programmes informatiques de tous genres peuvent réaliser un très grand nombre de tâches, mais il ne peuvent pas être « créatifs » ou « empathiques », des compétences encore réservées à l'être humain – pour l'instant ! Il est essentiel désormais de se concentrer sur ses soft skills, autrement dit, sur sa personnalité. Miser sur ses soft skills est aujourd'hui un atout indéniable pour s'adapter et évoluer dans sa vie personnelle et professionnelle.

Je vous joins la roue des soft skills :

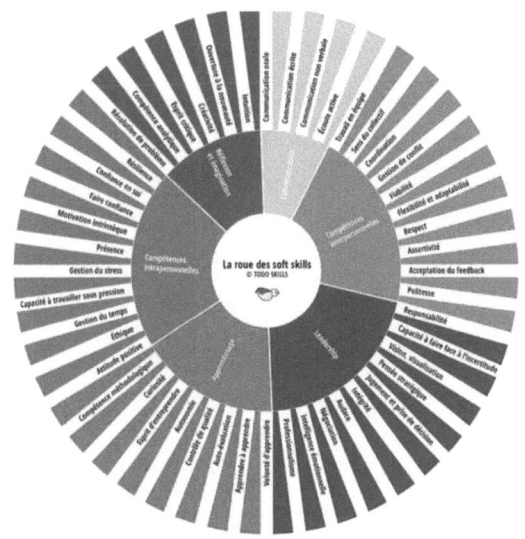

Les 10 tests de personnalité que je vous ai proposés dans ce livre peuvent vous aider grandement à identifier vos soft skills.

Voici la liste des soft skills les plus recherchées en **2021** selon le **World Economic Forum**, par les recruteurs à travers le monde :

1. La résolution de problèmes complexes
2. La pensée critique

3. La créativité
4. La gestion des équipes
5. La coordination
6. L'intelligence émotionnelle
7. Je jugement et la prise de décision
8. Le souci du service client
9. La négociation
10. La souplesse cognitive

Aucune soft skill n'est innée. Elles s'acquièrent toutes. A vous d'identifier vos propres soft skills et de les mettre en avant pour évoluer dans votre vie, ce que je vous souhaite !

Un service à vous demander

Si vous lisez ce livre, c'est que vous l'avez entre vos mains. Aussi, j'ai un service à vous demander. Pourriez-vous prendre quelques minutes de votre temps et ajouter un commentaire sur le site sur lequel vous l'avez acheté. Ces avis sont précieux pour moi. Je vous remercie par avance de votre geste.

Chaque avis, même succinct, m'aidera énormément. Vous el savez, le nerf de la guerre reste, de loin, l'avis des lectrices et des lecteurs. C'est ce qui fait qu'un livre gagne en visibilité, et c'est ce qui permettra de toucher toujours plus de lectrices et de lecteurs.

ALORS, JE COMPTE SUR VOUS !

Merci encore de votre confiance. J'espère que ce livre vous aura incité à mieux vous connaître et vous aura livré quelques clés sur votre personnalité.

N'hésitez pas à me faire part de vos commentaires, pensées ou succès à l'adresse mail suivante :

contact@laurencesmits.com

Bien à vous,
LAURENCE SMITS

Pour aller plus loin

Dans la même série que ce présent livre autour des tests de personnalité, vous avez aussi, écrits par moi-même :

- « Mieux se connaître en 10 étapes ».

Si vous désirez développer votre capacité à écrire, ou finaliser un projet de roman, vous avez :

- « 299 Conseils pour mieux écrire »
- « 111 Jeux d'écriture ».

Vous trouverez ces livres sur vos plateformes habituelles.

Mes services en écriture et traduction

Vous écrivez des livres, des guides ou autre produit, et vous avez besoin de corriger vos manuscrits ?
Je peux voua aider dans cette tâche.

Je conçois mes livres de A à Z : j'écris, je corrige, je traduis en anglais, je mets en forme et je publie.

Si vous souhaitez que votre livre soit traduit pour réaliser de meilleures ventes dans le monde, faites appel à mes services de correction, d'écriture ou de traduction français-anglais/anglais-français !

Envoyez un message à mon adresse mail pour expliquer vos besoins :

contact@laurencesmits.com

Je vous enverrai un devis rapide et un délai pour finaliser le service que vous me demandez.

Merci de me faire confiance.

Remerciements

C'est important pour moi de prendre le temps de remercier des personnes qui me sont chères.

Merci à mon compagnon de route **François** pour son soutien infaillible.
Il m'a offert un bureau magnifique, lieu où je puise mon inspiration.
Merci à mon fils aîné **Thibault** pour sa précieuse aide dans le labyrinthe d'Internet et ses précieux conseils.
Merci à mon fils cadet **Robin** de toujours me soutenir moralement.
Merci au **programme Spark** que j'ai suivi en 2020-2021 et à son fondateur, **Franck Nicolas**, pour m'avoir autant éclairée et m'avoir transformée en profondeur.
Merci à mes **parents**, des supporters de la première heure.
Merci à ma mère **Lucette** de m'avoir fait aimer les livres.
Merci à mon père **Jacques** pour m'avoir montré le chemin de la ténacité.
Merci à toutes mes lectrices et à tous mes lecteurs qui me suivent fidèlement à travers mon blog, **LA PLUME DE LAURENCE**.
Ils me donnent la force de poursuivre mon travail d'écriture par leurs encouragements et leur fidélité.
Merci à vous chères lectrices et lecteurs de ce livre.
Vous m'apportez plus que vous ne le croyez en me faisant confiance.
Merci à toutes les personnes qui œuvrent dans l'ombre pour que les livres existent.

A toutes et tous, je vous souhaite le meilleur.

Table des matières

Introduction 2
Qui suis-je ? 4
1. Le questionnaire de Proust 6
2. Le portrait chinois 12
3. Le test MBTI 20
4. Le test 123 test 56
5. Le test de personnalité DISC 68
6. Le test de personnalité HEXACO 86
7. Le test Ennéagramme 100
8. Le test de personnalité de la boussole 118
9. Le test de Rorschach 130
10. Répondre à des questions 138
11. Test bonus : le questionnaire de Pivot 143
12. Conclusion 147
Un service à vous demander 155
Pour aller plus loin 156
Mes services en écriture et traduction 157
Remerciements 158

© 2022, Laurence Smits
Édition : BoD – Books on Demand,
12/14 rond-point des Champs-Élysées, 75008 Paris
Impression : BoD - Books on Demand, Norderstedt, Allemagne
ISBN: 978-2-322-41013-2
Dépôt légal : janvier 2022